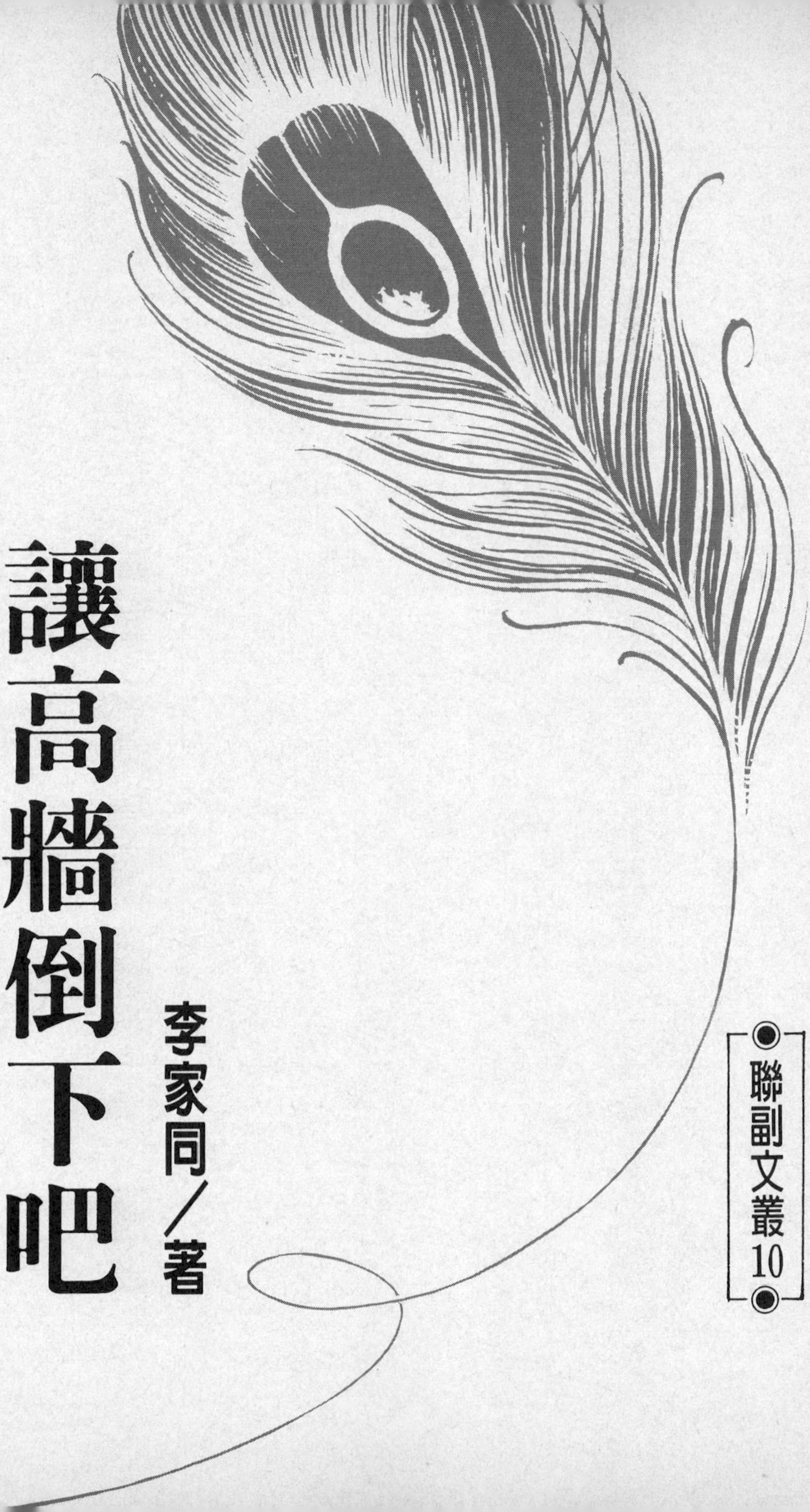

聯副文叢 10

讓高牆倒下吧

李家同／著

對生命的尊重（序）

——談李家同的文章

杏林子

對於一個文字工作者，讀到一篇好文章往往比自己寫了一篇好文章更令人心曠神怡，每每在擊節叫好之餘，也不禁暗羨，何以這樣文情並茂的好文章，自己寫不出來！

早在三年前，我在聯合報副刊看到一篇遊記「荒原之旅」，描述作者前赴蘇格蘭的蒼穹島一遊的親身感懷，作者的文字簡練樸素，毫無斧鑿之氣，卻又帶一點點近乎童趣的幽默，自然而然吸引著人順著他的字裡行間一同走入荒原之中，彷彿也看到那一望無際的原始大地，滿山遍野自開自謝的石南花，與世隔絕的荒涼美麗；彷彿也聽到狂風吹過山谷，以及「咆哮山莊」女主角鬼魂的呼叫聲，那個令人驚悚而荒誕的世界。另一方面，你也發現作者對文學、音樂和第八藝術的熟稔，雖然是一篇遊記，卻也是一篇人文之旅。

我特別注意了一下作者，李家同，是個在文壇尙十分陌生的名字。後來，才霍然發現他是一位大學校長，只怪我孤陋寡聞！

隨後，這個名字就經常出現。每一次出現，就是一次驚訝。他不只寫遊記，也發表他對教育和殘障福利的一些看法，更多的時候，他寫小說。

沒有曲折離奇的故事情節，沒有男歡女愛的煽情對話，他的故事平鋪直述、樸實無華，可是不知爲什麼，總能觸動你心底最敏感的那一根弦，讓你不得不去省思一些早已在這個社會存在卻一直被我們漠視的現象。

他寫肯亞的孩子，寫盧干達的難民，寫戰爭的殘酷以及對人身心的戕害與摧殘，寫印度的德勒莎修女和她的垂死之家……我越來越發現，其實他寫的是一種叫做「生命」的東西。

人眞的是生而平等嗎？對於外匯存底幾達近千億美金，年收入超過萬元的我們，我們喝得起幾萬元一瓶的洋酒，住得起八位數字的房子，我們實在很難想像這個世界上還有人連可遮蔽風雨的屋頂，以及一張可躺臥的床都沒有；安定了四十多年，我們離戰爭已遠，早已忘了那些家破人亡、流離失所的日子，我們的日子過得太幸福了，幸福得讓我們的心逐漸冷漠，逐漸僵硬，我們的心被一堵高高厚厚的牆封閉起來，我們舒適而安逸的住在裡面，假裝那裡就是天堂，然後告訴自己，這個世界沒有悲劇。

而李家同，卻偏偏要把這堵牆推倒，讓我們走出去，在這之前，他已經率先走了出去，以一個大學校長之尊屈就一個搬屍體的工人，握著垂死之人的手，爲的是在對方臨死之前，感受到一點點人間的溫暖和關懷，不至於走得那樣孤單淒涼。

他告訴我們，即使一個最貧窮的人，也有他做人的尊嚴。

李校長的小說，倒讓我想起另一則小故事。名小提琴家帕格尼尼在一場演奏會前，不慎遺失了他名貴的小提琴，竊賊換了一把破琴給他，面對台下的聽衆，他說：「今晚，我要證明給你們看：眞正的音樂不是出自一把琴，而是流自音樂家的生命！」果然，在帕格尼尼盡心的演奏下，將音樂詮釋得盡善盡美，讓與會的人留下難忘的印象。

其實，文學也是。李家同校長的文章，尤其證實了這點。

日有所思，夜有所寫（自序）

我學的是電機，一直在教計算機科學，有文章在副刊上發表，已經不容易。聯經出版事業公司居然肯將我的文章彙成一本書出版，對我來講，這簡直是一件不可思議的事，如果以「小人得志」來形容我，我也會欣然接受。

有一次，我的一位同事晚上看電視，電視節目大概是介紹文藝作品的，不知何故，主持人提到「作家」李家同，我的同事當場笑得差一點從椅子上摔到了地上。

也難怪他，雖然我寫了一輩子的學術論文，寫副刊上的文章卻是最近的事。常有朋友問我，寫論文和寫文學作品，那一種比較難？我想兩種都不容易，可是對我而言，寫文學作品不是一件非常困難的事，因爲很多文章都是我的親身經驗。

我的指導教授是一位盲人，我一直感激他，也佩服他的毅力，同時我又感到國內教育界對盲人的種種歧視，使我決定寫「我的盲人恩師」。我從此交到了不少盲人的朋友。

至於「我的媽媽來看我」，也是我的眞實故事，大學時代，我常去監獄服務，和受刑人頗能打成一片，在籃球場上，一位年輕的受刑人問我「血盟」的近況如何，有沒有成長，我

才知道他們一直以爲我是血盟的弟兄，可是我對幫派毫無觀念，回到學校，終於找到了一位和太保們有來往的同學，發現血盟是個無足輕重的幫派，隨時可能衰亡，急需整頓，令我有些失望，也不敢告訴同學這件英雄事蹟。我的受刑人朋友認爲我應該放棄學業，專心一輩子替受刑人服務，我未能接受這個建議，至今良心不安也。現在老了，仍有去監獄服務的念頭，可惜不能再去打籃球了，大概只能替一些受刑人補習功課。

我喜歡旅行，而且特別喜歡去荒野的地方，「荒原之旅」就是描寫我去蘇格蘭荒原玩的經驗。事後我才知道蒼穹島是英國文學家必去之地。我最近常有機會和外國大學校長談天，發現他們中間有不少人去過蒼穹島。

我非常厭惡死刑，我認爲這是一種野蠻而且殘忍的行爲，尤其令我不安的是隱藏在死刑背後的報仇心理。身爲基督徒，寬恕對我而言是極爲容易的，我總希望大家能夠寬恕別人，不要置人於死地，這就是我寫「我已長大了」的原因。我記得教宗曾親自去拜訪當年刺殺他的人，誰也不知道他們談些什麼，可是我相信教宗一定寬恕了刺殺他的人，爲什麼其他人不能做到這點呢？一個成熟的人，一定能寬恕別人。一個社會也是如此，也許有一天，我們的社會能夠成熟到廢止死刑的地步。

至於「車票」的故事，一半是眞的。德蘭中心的孩子多半來自破碎而窮困的家庭，來自山地的更加多。他們離開以後，雖然不見得能夠找到高薪的工作，可是個個都能在社會上勤

奮地工作，從未聽過有任何孩子變壞的新聞。我因此感到在德蘭中心的孩子也許比在那些有問題家庭的孩子更加幸福。

在那裡，我也聽到了很多媽媽假裝阿姨去看孩子的故事，我也親眼看到孩子在修女們晚禱時倒在修女的懷裡睡著了，或者在祭台下玩耍。

這些零零碎碎的事情變成了「車票」。

有一次，我發現有一家電視台播放了一齣電視劇，這電視劇完全是根據我的「車票」改編的，可是他們沒有徵求我的同意。我和他們聯絡了以後，發現編劇的確沒有看到「車票」，而是聽到了陳履安院長的廣播，我打電話去問陳院長，才知道陳院長是從一位老和尚那裡聽來的。

曾經有一家電視台和我聯絡，要正式將「車票」改編成電視劇，我大喜過望，可惜這件事因爲那家電視台人事改組而胎死腹中，可惜也。

我常有機會見到一些社會上有頭有臉的人物，這些人的頭銜都特別多。有一位的頭銜太多，一張名片寫不下，只好將名片設計成折疊式的，我看了以後，想起奧匈帝國那些偉大皇帝去世的儀式。皇帝去世以後，遺體送到一家隱修院去下葬。隱修院大門深鎖，皇帝的隨從敲門，裡面的修士會問「來人是誰」，隨從就大聲地回答說「奧匈帝國某某皇帝」對方不回答，隨從再敲門，裡面又問「來人是誰？」由於皇帝的頭銜很多，隨從就選一個比較低的頭

銜。如此，頭銜一降再降，隱修院卻一直不肯開門，直到隨從說「這是一個可憐的罪人」。隱修院這才開門，讓皇帝遺體進去。

我根據這種儀式寫成了「我是誰」，唯一不同之點，是我注入了比較積極的意義。畢竟，當我們去世的時候，所有的頭銜都沒有意義了，只有我們當年做過的好事才有意義。我不敢奢求「我是誰」會對別人有多大的影響，至少對我而言，這篇文章永遠是個警惕。

我在美國有好幾個盲人朋友，有一些是生下來就全盲的，他們和我談天時，常常嘲笑那些對美國黑人歧視的人。理由很簡單，他們從來不能瞭解顏色的意義，因此他們判斷人，從不會考慮人的膚色，我也就根據這種情形而寫了「視力與偏見」。

我很多文章的靈感來自和朋友的聊天。

有一次，一位朋友告訴我洋人的一種說法，那就是「如果你年過六十，而沒有任何一種病，那你一定已經死掉了」。我就根據這句話，寫出了「十全十美的一天」。

我常和龔士榮神父聊天。有一天，他談起很多人不敢看自己的眞面目，當時我們在電話裡通話，「眞面目」三個字使我立刻想到一個有趣的故事，我立刻匆匆忙忙地掛下電話，開始構想，當天晚上就寫成了「眞面目」，我當然忍不住加入了一些人工智慧，因爲我過去是研究人工智慧的。

我有很多鑰匙，道理很簡單，我家有一輛車，公家也有車，再加上腳踏車和機車，車子

的鑰匙就有七把之多。我在新竹有家，在台中有宿舍，我在清大仍保有一間研究室，在靜宜也有辦公室，這些又使我經常要帶一大堆進門的鑰匙。

有一天，我在宿舍後院裡澆花，澆完以後，才發現我沒有帶後門的鑰匙，而後門已鎖上了，我只好爬牆出去，當時我爲了過癮，赤了腳在院子裡走，這下糟了，我不但要爬牆，而且還要在街上赤了腳走一大段的路。好在我住的地方人口稀少，我的狼狽沒有人看到，可是這已經使我痛恨鑰匙所帶給我的煩惱。

當天，一位神父告訴我，德蕾莎修女屬下的修士們不帶任何鑰匙，因爲他們沒有値錢的財產。我在一週內寫出了「鑰匙」。

其實我在服預官役的時候，就有一個想法，我認爲最快樂的人就是我在「鑰匙」那篇文章中所描寫的那種修士，我將我的想法告訴了我的一位好朋友，他聽了以後非常有同感，可是他告訴我這是不可能的，天下那有這種人，最近我碰到了德蕾莎修女屬下的修士們，總算親眼看到這些沒有鑰匙煩惱的人。

除了聽別人談話以外，我的靈感也來自「看」。幾年前，我在一家美術館裡看一幅畫，其中是一所大教堂，一些莊嚴的紅衣主教在裡面互相談天，而一些乞丐也在向他們求乞，主教們顯然完全不理會他們。這幅畫永遠印入我的腦海。

有一天早上，我在吃早飯的時候，看到報上一張大饑荒的照片，我當時的動作是趕緊翻

到下一頁去，道理很簡單，我不願讓大饑荒的慘象使我的良心感到不安，以致吃不下早飯。事後我的翻報動作使我覺得自己好丟臉，也使我想到主教不理會乞丐的情景，不久我就寫出了「富翁與乞丐」。我想告訴讀者，只要你心裡承認窮人的存在，你就會看到窮人。文章登出後，很多讀者告訴我他們對這篇文章的詮釋，都和我的原意不一樣，可是都很精彩。

一年以前，很多雜誌和西方新聞媒體大肆攻擊巴西政府，因爲一些警察槍殺在街頭露宿的小孩子，最可惡的是，警察總監竟然還說這些孩子是治安的毒瘤，好像警察槍殺他們乃是替天行道，我當時在審查一件工業局的資料庫管理系統，「胎記」就是這樣寫成的。

也就在那個時候，很多科學雜誌大談藥物對人性格的影響，我卻認爲人類最偉大的情操絕不是藥物所能控制的，我又常常希望大家知道「愛人」比「被愛」重要得多，這些觀念加在一起，寫成了「副作用」。

我的職務使我有機會接觸到社會上有地位的人，這些人都是一般人最羨慕的人，可是根據我的觀察，他們普遍地有不安全感，和一般的理髮師、菜販等人比起來，這些人緊張多了。我也一直反對在人類中強調物競天擇，因此就寫出了「週五的夢魘」。有一些同事說這篇文章講的是我自己，絕無此事也。

我厭惡死刑，更厭惡戰爭。有一天，在報上看到一張禿鷹跟著一個垂死女孩的照片，心中大受震動，「我只有八歲」，就是這樣寫成的。更有一天，我看到一則新聞，講的是波西

尼亞的戰爭，開炮的地方卻是一個風景絕美的山谷。第二天，我騎車走過工業院的宿舍，發現一株丁香花的樹正在盛開之中，這株樹給了我靈感，使我寫出了「山谷裡的丁香花」。我對美國人在越戰時使用落葉劑和汽油彈，一直反感極深，有一位美國的海軍將領，他的兒子當年在越戰被落葉劑所害，得了癌症，而這位海軍將領正是指揮散發落葉劑的人。「維特，你爲什麼殺了我？」就是這樣寫出來的，我要向世人控訴，戰爭不僅帶來了生命和財產上的損失，而且更殘害了人類的良心。

我在印度的經驗，是很難形容的。在垂死之家，一位年輕的窮人和我建立了感情，神父來做彌撒的一小時內，他握住了我的手不放。我常想，如果我仍在做義工，總有一天，要由我送他出院，我要叫輛計程車，送他去過去求乞的地方，他繼續他的求乞生涯，我則坐上計程車，回去過我舒適的生活。我已五十七歲，仍有一些「前途」，他只有十幾歲，卻早已沒有前途了。每次想到他，我就感到不安。

但丁「神曲」中形容地獄時，說在地獄的門口，有一個牌子，牌子上說「將希望放下來」，意思是：地獄是一個沒有希望的地方。到過印度以後，我才深深體會到，很多窮人生下來就沒有希望的。

像德蕾莎修女說「愛的反面，不是仇恨，而是漠不關心」。我一連寫了四篇有關窮人的文章，「讓高牆倒下」、「屋頂」、「握住垂死窮人的手」、「來自遠方的孩子」，無非是

希望能借我一支禿筆，喚起大家對窮人的關懷。

人類的貧困，一定已有幾千年的歷史，我不知道如何能解決人類的貧困問題，可是我知道，只要我們不窮的人對窮人漠不關心，再過幾千年，人類的貧困恐怕還會存在。

慚愧得很，我一直沒有度過任何困苦的日子，我甚至沒有遭遇到任何不如意的事。我總覺得社會對我太好，我對社會的回饋太少。因此這本書的版稅，我全部捐給新竹縣寶山鄉的德蘭中心，讓那些頑童們吃得好一些，穿得暖一點。

常有人問我，你平常要教書，要做研究，還要管行政，如何能寫文章？我的祕訣是多聽，多看和多思想，只要我常常想問題，寫文章的靈感大概不會難得到的。如果有一天，我不再對事物有任何想法了，一定也就寫不出任何一篇文章出來。

日如有所思，夜即可有所寫。

我感謝我的天主教信仰，如果有人覺得我的文章有點內容，多半是由於我有宗教信仰的原因。

我要感謝瘂弦和陳義芝先生，他們兩位文壇先進提拔了我這個新人。

我更要謝謝陳新榮、王錦建和林華彥先生，我到台北去開會，他們常和我同行，我有故事的構想，必定會先講給他們聽，故事的結尾最爲重要，我常常和他們商量故事的結尾該如何寫，他們也永遠給我非常好的建議。

目次

目次

我的盲人恩師

我的博士論文指導教授師雷格教授是麻省理工學院的數學博士，現在是明尼蘇打大學的計算機科學講座教授，他是一個完完全全的盲人，對外界任何的亮光，都已沒有反應，經年生活在黑暗之中。

可是我的老闆（我們唸博士學位時，都將指導教授稱之爲老闆），卻又是一位非常溫和，而且性情平和的人，見過他的人，都會發現他從未對他的失明而有任何自怨自艾，更沒有因此而脾氣不好。

其實做一個盲人，仍然不是一件容易的事，兩年以前我的老闆來清華，住進我們的招待所，我必須牽著他到處摸索，使他知道馬桶在那裡，洗臉盆在那裡，肥皂在那裡，冷氣機如何開關，早上吃飯的地方如何走等等。我後來問他如果他住進一家旅舍沒有人指點他，他如何知道這些，他說通常人家看到他是瞎子，都會設法帶他摸一遍，如果無人帶領，他差不多要花上一個小時才能搞清楚東南西北。

大家一定好奇，我的老闆是怎樣唸書的？在上課的時候，他和同學一樣地坐在下面，老師知道他是瞎子，因此在黑板上寫的時候，一概特別爲他講得比較清楚一點，如果在黑板上劃了圖，更加要特別描述一番。如果他當時不懂，據他說只要下課以後同學們一定都樂於幫忙。

考試只好用口試，他說每位老師都爲他而舉行個別的口試，因爲他唸的是數學，人家一下子就知道他的思路是否合乎邏輯，口試並非難事。

如何看書呢？我的老闆完全靠聽錄音帶，美國有一個盲人錄音服務社的非營利性組織，任何盲人要唸那一本書，這個組織就找人替他唸，義工奇多無比，大多數義工要等很久才輪到他唸一本書。可是內行人都知道，現在做研究，最重要的還是要看論文，我老闆在麻省理工學院唸博士的時候，就常常貼出佈告，說他要看那一篇論文，希望有人替他唸，當時麻省理工學院的計算機研究生，幾乎都替他唸過，現在在伊利諾州立大學教書的劉炯朗教授，就替他唸過。研究生唸論文，除了出於愛心以外，還有一個原因。等於自己也唸了一篇論文。

美國曾經通過一個聯邦法案，規定這一類錄音帶和書的郵寄，一概免貼郵票，否則我想他不可能唸到這麼多的書。

懂得計算機科學的人，一定更會好奇地想知道盲人如何寫計算機程式？如何從程式中尋找錯誤？

我老闆唸書是三十年前的事，當時計算機沒有任何一樣替盲人著想的設備，因此他寫好了程式(用點字機寫)，就唸給一位同學聽，總有人肯替他打成卡片，然後替他送給計算機中心。他拿到計算機印出來的結果，又要找一位同學唸給他聽，他只好根據聽到的結果，決定要如何改，也總有同學肯接受他的卡片，而替他改幾張卡片。

最近美國已有不少替盲人設計的終端機，盲人要修改程式，據說一點問題也沒有，我的老闆說明尼蘇打大學有很多位盲人學生，其中不少都是學理工的，全部都要用計算機的終端機。

我老闆一直認爲盲人應該和平常人一樣地生活，社會不該歧視盲人，可是也不該對盲人過份地大驚小怪。兩年以前，我陪我老闆到桃園機場搭機回美國，機場的某航空公司辦事員發現他是盲人，大爲緊張，問他在洛杉磯有沒有人接，因爲他在洛杉磯機場要轉飛機，我老闆說沒有人接，某航空公司因此堅持不肯讓他上機，他們說他們不敢負這個責任，最後還是由我出面，由老闆簽了一份文件，保證不會告某航空公司，某航空公司才肯讓他上機。

事後我老闆告訴我，他常搭乘飛機去旅行，從來沒有碰到這種事，他說英國機場對盲人招待最好，他們一看到有盲人，會立刻請他到貴賓室去，而且會有人帶他去登機，某航空公司雖然關心他的安全，都沒有派人帶路，大概他們知道自己不會被告，也就不管這位盲人的安全了。

我老闆說他什麼交通工具都用過，從來沒有人接，火車、地下鐵等等他都一個人坐，從來沒有人拒絕他上去，在他看來，這種所謂的關懷，其實根本是歧視。

我們中國人喜將盲人講得可憐兮兮的，我曾在台灣聽過一個來自香港的盲人青年合唱團演唱，演唱中一再強調他們都是中國內亂的犧牲品，所唱的歌也都是天倫淚之類的歌，眞是賺人熱淚。

可是我去了美國，碰到了我的老闆，以後又碰到了若干盲人學者，才發現盲洋人從不爭取同情，他們努力地和我們這些人一齊生活，不到必不得已絕不讓人感到他們是盲人，也無怪洋盲人在學術上有傑出表現者多矣。

像蘇聯的龐屈耳根博士，就是一個例子，這位蘇聯的數學家，在控制理論上的貢獻，可以說是到了永垂不朽的地步，他從小就瞎了，上課時帶了媽媽去，就靠他媽媽將黑板上的符號、圖等等解釋給他聽，其實他媽媽根本不懂數學，有時候大概都講錯了，我在美國唸書的時候，曾見到這位大師演講，他大概是用俄文演講，替他翻譯的是一位波蘭的教授，此公奇壞無比，平時對我們同學甚爲嚴格，是一位不受同學歡迎的教授，那天他大概翻譯得不太對，被那位大師用英文臭罵，我到現在還清楚記得那位盲人大師的威風。

我還認識一位盲人，此人生下來就是瞎子，後來成了數學博士，和我是同行，有一次我們同行開會，他應邀在晚間的宴會上致詞，大家以爲他還會談些學問，不料他大談和芝加哥

黑道賭撲克的經驗，試想和黑道賭錢已是有趣的事，而他又是瞎子，所有亮出來的牌全靠人家告訴他，他自己暗的牌是什麼，也靠黑道上的人告訴他，他一口咬定黑道賭博其實並沒有騙局，其理由是他同時和誠實的朋友賭，發現兩者平均輸贏一樣，因此他和芝加哥那批黑道上的人賭了好幾年。

爲什麼他後來洗手不幹呢？說來有趣，他有一次輕鬆地埋怨一句，說他有一位賭友不夠意思，賭輸了卻遲遲不還他錢，和他賭錢的道上人物立刻拍胸膛，保證替他將錢要回來，我的盲人朋友聽了以後，再也不敢和這些太講義氣的傢伙來往了。

現在看看我們國家是怎麼一回事？我發現我們整個社會都低估了殘障者的能力，因此如果孩子是個盲人，父母認爲他如學到了一種謀生的技藝，已經是謝天謝地，我們負責這方面教育的啓聰啓明學校，也作如此想，所以唸了啓明啓聰學校的盲人學生，是不可能以後唸台大電機系或是台大資訊系的。

如果我們要改革，要從觀念改起，我們一定要使失明的年輕人能進入建中，或是一女中，和一般同學一齊生活，學一樣的課程，將來一樣地進入大學，和我們一樣地拿到學位。可惜我們社會上有一批人眞死腦筋，只要一點點小的身體上的缺陷，常常就不能進入某種職業，比方說有一些師範學院拒收有色盲的人，理由是小學老師要帶小孩子過馬路，如果色盲，如何辨認紅綠燈？這種想法，使我國的殘障同胞吃了大虧。

我希望以後整個社會知道，事實證明盲人可以和我們一樣地唸大學，先進國家大學裡盲人比比皆是，也可以拿到博士學位，更可以在事業上做得很成功，我們不該設了很多障礙，使他們根本就進不了中學，更何況大學了，可是一方面我們要掃除這些障礙，一方面卻又對殘障同胞太過於同情，因爲太過於同情，事實上等於歧視，我們應該儘量鼓勵他們自行解決他們的問題，也只有這樣做，我們才是眞正地幫助了殘障同學。

我過去在美國工作的地方，有一個替我們畫圖的部門，有一次我發現這個部門似乎比以前安靜了許多，所有的工作人員都不開口講話，而用手語交談，一問之下，才知道他們來了一位聾子的畫圖員，大家就決定學習手語，久而久之養成了習慣，大家都用手語交談了，這是一個典型的例子，充份表示一個團體應該如何接納一位殘障同胞。

有一次我在紐西蘭街上看到了一位盲人，我好意問他，要不要我幫忙他過馬路，他笑笑說不必，然後他說聽你的口音，你是外鄉人，如果要找路，可以問他，我當時在找某一路公車，就乘機問他到那裡去找，在他的指點之下，順利地找到了。

我希望我們的小學，國中、高中以至於大學能夠毫無保留地接受盲人學生，使他們能像普通同學們一樣地接受教育，我也希望，我國的政府機關，不僅不要對殘障同胞的求職設限，而且要定下榜樣，主動地僱用殘障同胞。至於盲胞在工作以及學習環境中所可能遭遇的問題，政府不必擔心，因爲我們應該有信心，那個環境中自然會有善心的人幫助他們解決問

題，過度的關心其實也是一種歧視。

七十八年十月二十六日聯副

我的媽媽來看我

——一個眞實的故事

相信很多人都聽過一首童謠，歌詞中有一句話「我的媽媽拿著雨傘來接我」，這首童謠的意思好像是描寫一個幼稚園的小孩子，在幼稚園門口等媽媽來接他，正好碰到下雨，虧得媽媽終於出現了，使這位小孩感到非常安心。

有一次，我在美國的一個購物中心買東西，忽然天色大變，強風挾著大雨，飛沙走石地橫掃而來，停車場中行人紛紛走避，而一對小孩卻在風雨中大哭地找尋他們的媽媽，我看風雨實在太大，把車門打開，暗示他們進入我的車內躲雨，小弟弟糊裡糊塗，就要進來，他的姐姐大概想到壞人騙小孩子的故事，一把將弟弟拖住，而且哭得更大聲，就在這時候，他們的媽媽及時出現了，孩子們看到媽媽以後的歡樂表情，使我終生難忘。

孩子們在風雨中等待媽媽，大家可以想像得到，我卻要在這裡講一個成人在困境中想念媽媽的故事，其實這不是故事，這是我親身經歷的事實。

三十年前，我在大學念書，我常常去台北監獄探訪受刑人，我還記得那時候，台北監獄

在愛國西路，我們的辦法是和受刑人打打籃球，同時也和一些人聊聊天。

當時，有一位黝黑瘦高的受刑人似乎最和我談得來，他很喜歡看書，因此我就設法送了很多的書給他看，我發現在衆多的受刑人中間，他所受的教育比較高，他是台北市一所有名中學畢業的，比我大七、八歲。受刑人每星期大概可以有三次見客，我去看別的都會吃閉門羹。可是這位受刑人，永遠可以見我，至少我從未吃過閉門羹。

他常在我面前提起他媽媽，說他媽媽是位非常慈祥的女性，他說他媽媽常常來看他，都會吃閉門羹可是我始終不太相信這一點。

這位受刑人當時所住的地方其實是看守所，沒有定罪的受刑人都關在這裡，審判終結的人才再換到其他的監獄去。我的這位朋友有一天告訴我，他要搬家了，因爲他已被定罪，要正式服刑了。我這才發現他有軍人身分，大概是在服兵役時犯的罪，所以要到新店的軍人監獄去服刑。

當他到新店的軍人監獄去服刑時，我也成了預備軍官，我在台北服役，週末有時會去看他，我記得要去新店的軍人監獄，要經過空軍公墓。再經過一條大樹成蔭的路，軍人監獄就在這條路的盡頭。

有一次我去看他，發現他被禁止接見，我和警衛打打交道，發現大概一個多月以後才可以看到我的朋友。一個月以後，我終於看到他了，這次他告訴我一個很可憐的故事。他說他

在服刑期間做工，也賺了一些錢，我記得那個數字實在少得可憐，可是這是他全部的積蓄，因此他一直偷偷地把這幾十塊錢放在一個很祕密的地方，沒有想到他的某位長官把他的錢偷掉了，我的朋友一氣之下和他的這位長官大打出手。

各位當然可以想像我的朋友的悲慘遭遇，他這種犯上的事情是相當嚴重的，他被人在晚上拖到廣場去痛打一頓，事後他被關在一間小的牢房裡，而且二十四小時地帶上手銬。

我的朋友告訴我這些事情時留下了眼淚，我們談話的時候，旁邊總有一個身強體壯的兵在旁聽，說到這些事，我記得那個兵面無表情地看著遠處，假裝沒有聽到。

忽然我的朋友又提到他媽媽了，他說你如果看到我的媽媽，一定會比較看得起我，他說他常常感到百念俱灰，可是一想到媽媽，他心情又會比較好一點。

既然他一再提起他媽媽，我就問了他家地址，然後我在一個星期六的黃昏，騎了我的老爺腳踏車，到他家去看他的媽媽。

他的家在現在的忠孝東路，在當時，那條路叫做中正路，我發現他的家好遠，快到松山了。房子是典型的日式房子，附近每一棟都一樣，顯然是中低層公務員宿舍。我穿了全套的空軍少尉制服，很有禮貌的介紹我自己，也報上我朋友的名字。

這家人好像有幾位比我還年輕的小孩，我被安頓在他們大約兩三坪大的客廳裡坐下，我記得這個客廳裡布置得極爲簡陋，只有幾把破舊的椅子，我坐下以後，發現氣氛有點不自

然，而我很快地明瞭這怎麼一回事了。

我朋友的爸爸進來了，他們父子很相像，他非常嚴肅地告訴我，他早已不承認這個不爭氣的兒子，因爲他簡直不能相信他們家會有這種丟臉的兒子，所以不僅他早已不和他兒子來往，而且也一直禁止他家人和他來往。自從他進入了監獄，他們全家沒有一個人和他來往過。

我立刻想起，怪不得我一直可以見到我的朋友，原來他的媽媽事實上從來沒有去看過他，他說「我的媽媽來看我」，只是他的一種幻想而已。

我也看到了他的媽媽，他的媽媽是個典型的中國婦女，瘦瘦的，個子相當矮，衣著非常樸素，她始終沒有講一句話。

我卻不管他爸爸怎麼講，一五一十地告訴他們全家人，我的朋友是非常想念他的媽媽。可是這位嚴厲的爸爸卻暗示我該滾蛋了，我想虧得我穿了空軍制服，而且自我介紹過我是台大電機系畢業的，否則我早就被趕出去了。

我以非常失望的心情離開他的家，他的爸爸在門口還提醒我以後不必再來了。

可是我的腳踏車才一轉彎，我就聽到了後面的腳步聲，他的一個妹妹匆匆趕來，叫住了我，他的媽媽跟在後面，她要知道如何能找到她兒子，因爲她要去看他。我趕快告訴他們如何到新店軍人監獄，她們以最快的速度謝了我，馬上趕回家去。

當時天色已黑，我所在地方是個很冷靜而且幾乎有點荒涼的地方，四週都是一些木造的日式房子，每棟房子都有一個用竹籬笆圍起來的小院子，現在每家人家都點上了燈，我可以感到家家親人團聚的溫暖，我知道我的朋友和他母親即將眞的見面，我眞的感到在冥冥之中一定有一個上蒼在安排一切，而我正是祂所選的一個工具。

果眞，我不能去看我的朋友了，他從監獄中寫了一封信給我，告訴我他和他母親見面。而我開始辦理退伍手續，準備去美國念書，臨走以前，我又和他見了最後一面。這次他胖了，也有了笑容，他說他媽媽常帶菜給他，所以他胖了一點，他也告訴我他家裡弟弟妹妹考各級學校的情形。最後他問我退伍以後要做什麼，我說我要去美國念書，忽然之間，他的笑容消失了，他說：「你相不相信？我眞的感謝你這些日子來看我，也使我和我家人團圓，遺憾的是我們兩人之間的友誼從此會完了，因爲你將來可以在社會上一步一步地爬上去，而我卻是一個犯人，我們之間的距離會越來越大，我們不可能再繼續做朋友的。」

他又接著說：「你有沒有考慮過？索性專門留下來，終身爲我們這種人服務？」

我默然無語，我的虛榮心使我不肯放棄追逐名利的機會，三十年過去了，我始終爲我未能終身爲受刑人服務慚愧不已，每次我在事業上有所成就，反而使我更感到良心不安。

我在此謝謝我的這位朋友，他使我感到我這一生沒有白過，我現在至少可以驕傲地告訴我的女兒「你的爸爸曾經做過好事」，我已五十多歲，我的朋友恐怕已是六十歲，希望他能

知道，他對我講的話對我影響相當之大，我之所以決定離開美國，回來服務，也多多少少因為他說「你有沒有考慮過留下來？」這句話。

世界上有很多職業，要做得非常好，才對社會上有影響，我常想，一個平庸的舞蹈家就搞不出所以然來，可是做母親，就不同了，即使做一個平凡的母親，一樣可以對社會有非常正面的影響。

我希望有一根魔棒，一揮之下，天下的母親都是平凡而慈祥的好母親，我相信我們的監獄會因此空了一半，我再揮一下這支魔棒，我國有幾萬個義工肯替監獄裡的受刑人服務，我相信我們的監獄會更加再空了一半。

七十九年五月十二日聯副

荒原之旅

當我告訴一位英國友人我要去蘇格蘭的蒼穹島（Island of Skye）的時候，這位英國人用指頭封住自己的嘴，輕輕地說「噓，千萬不要讓別人知道你要去蒼穹島，我們絕不能讓大批旅客湧入那裡，尤其不能讓那位庸俗的美國人知道這個島。」

到英國去看荒原，似乎是個荒唐的主意。

很多英國的小說中，常常會提到荒原，咆哮山莊是個最好的例子，男女主角常常在荒原中見面，書中也一再地描寫咆哮山莊附近的荒涼景色，簡愛是另一個例子，男主角眼睛瞎了以後，仍然對著荒原呼叫女主角的名字。即使福爾摩斯的偵探小說裡，很多故事也都發生在荒原裡，我們常常看到福爾摩斯來到一個鄉下的巨宅，晚上從臥室的窗中，可以看到濃霧正在慢慢地籠罩著外面的荒原，就在這個荒原裡，有人在策劃一個可怕的謀殺案。

英國的荒原當然不是什麼世界的名山大川，可是他最大的好處，是荒原仍然是荒原，對於我這種想逃離文明世界的人而言，英國的荒原仍然有他無比的吸引力。

只有五天的假期，我只好選了兩個荒原，一個是蘇格蘭西海岸的蒼穹島，一個是勃郎特姐妹（咆哮山莊和簡愛的作者）住過的哈華斯荒原。

到蒼穹島，大多數人都先到蘇格蘭最北的大城，印威內斯（Inverness）我在晚上十點鐘左右才到印威內斯，找到了一家小旅館，旅館老闆一看就是那種蘇格蘭土生土長的人，紅圓的臉，一團和氣，他領我去一間閣樓似的房間，惟一的窗是一個天窗，可以看到外面的滿天星斗，旅館老闆說這旅館其實從前是他的家，他小時候就睡在這間房，他說可惜今晚不下雨，否則你可以聽到雨滴灑在屋頂和天窗的聲音，極有詩意。

到蒼穹島的火車一早六時四十五分離開，車廂裡只有兩個人，我和一位從澳洲來的化學教授，這位化學教授一定是個性情中人，他告訴我曾經專程從哥拉斯哥（Glasgow）坐火車向西行，坐在盡頭以後再乘原車回去，他說他那次火車之旅，是在冬天，火車外都是蓋著雪的山和荒原，途中常有清澈見底的湖出現，將這些山反映在湖邊，夕陽西下時，美到了極點。

我們的火車，在大霧中離開了印威內斯城，依依稀稀地可以看到翠綠的牧場，雖然有霧，已經有人騎馬在原野中慢行。火車先往北開，因此在東方也正好在大霧上面升起了紅紅的太陽、草原、樹叢，低頭吃草的牛羊，這種景色連續了一個小時之久。

印威內斯是個相當不錯的城市，附近原野稱不上什麼荒原，應該算是肥沃的農莊，越離

開印威內斯，越靠蘇格蘭的海岸，蘇格蘭高地（Highland）特有的荒涼景色就在車窗外展現出來。

在英國我們常看到大片草原，對於我們這種從城市來的人，這種草原已經夠賞心悅目了，可是這種草原一看就知道是有人照顧的，我就看到割草的自動化機器，真正的英國荒原，常常在較高的山嶺上，大都非常貧瘠，無法大規模地種植牧草，也不可能開發成森林，因此整個荒原上都覆蓋了野草和野花，使我百思不解的是這些野草並不亂長，他們貼著地長，簡直像我們在台灣故意種的朝鮮草，現在荒原上盛開一種叫做石楠（Heather）的野花，淡紫色的，整個蘇格蘭的荒原上，現在幾乎全被這種盛開的野花所覆蓋著，沒有野花的地方，就被像絲絨般的綠草所覆蓋。

蘇格蘭的荒原的另一特色是多湖，不知何故，這些湖都是細長型的，兩旁常有高山、湖水永遠清澈見底。歐洲大陸也有有名的湖，可是這些湖都被商業化了，摩登的旅館會在湖邊出現，這種湖就不美了。蘇格蘭的湖邊不僅看不到什麼大旅館，連普通住家都不多，可是總會有一個古堡的廢墟坐落在湖邊，黃昏的夕陽之下這些古堡替蘇格蘭的湖平添了淒涼的美，難怪蘇格蘭的湖常常引起人們浪漫的遐思，羅莽湖畔這首悅耳的蘇格蘭民謠因此風行了整個世界。

到蒼穹島的火車之旅在最後一段，就完全沿著一個湖緩緩滑行，有一個車站造在湖邊，

車停了，火車上僅有的幾個旅客都下來散散步，連列車長也下來了，一直等到他一催再催，我們才上車，在這裡火車通了人性，會等這些想散步的旅客。

下了火車，有渡輪在等，免費的，大約有十輛汽車在渡輪上，步行的旅客只有我們二人。到了蒼穹島，一輛又老又舊的紅色公共汽車在等我們，我買了來回票，票子其實是一張收據，我這個人向來糊裡糊塗，一拿了就丟，怎麼樣也找不到，其實我後來在褲子後面的口袋裡找到了，賣票給我的司機叫我不要著急，他到了站以後，拿一張紙，寫上票價，簽了名，塡上日期，這張簽了名的紙，後來果然有用。可以作爲回程票用。

蒼穹島的確是一個荒島，這裡只有一兩間好的旅館，這些旅館的造型像有錢人的家，島上有四百英里的道路，絕大多數的道路兩旁，都曠無人野，偶爾可以看到一兩座白色的鄉村小屋，小屋外面永遠有個修整得極爲美麗的花園，英國人喜歡種花，島上有一個很大的花圃，供應各種的花，每一個鄉村小屋花園裡之所以有這麼多盛開的花，其實不是他們自己種的，而是到花圃去買現成的。

蒼穹島的中央是山，而且是荒山，英國政府在這裡造了一些林，虧得沒有大規模地造林，否則蒼穹島就沒有那種蒼涼之美，也就因爲這些山上沒有樹，只有青草和野花，再加上很多山都只是丘陵而已，蒼穹島最適合我們這種想爬山，又不能登高山的人，我們可以隨時隨地看到一座山，就上去走走。

我來以前，知道蒼穹島上有一個叫做「史都老人」（Old Man in the Storr）的石柱，遠遠看這根石柱像美國首都華盛頓紀念碑，可是卻直立在一座高山之上，這次我沒有時間爬上去，看來也不是那麼難爬，下次我一定要去試試看。

幾年前，我看過一步史恩康奈德演的電影，這個電影的外景全在蘇格蘭高地拍的，我這一次總算也在蒼穹島上登上了一個山頂，在我面前，蒼穹島的荒原一覽無遺，蘇格蘭人自稱蘇格蘭是蒼鷹仍然在飛的地方，可是我幾乎可以想像自己是一隻蒼鷹，因爲我可以看得如此之遠，極目所望，看不到一個人，一輛汽車，甚至一幢房子，除了風聲以外，我也聽不到任何其他的聲音，大地一片靜寂。在我的心靈深處卻響起了英國民謠「但尼少年」（Danny Boy），尤其其中「當山谷靜靜地覆上了層白雪」那句話最能描寫我當時的心情。

蒼穹島的回程公車上，只有我一個客人，我一面對著窗外令我無限懷念的荒涼景色說再見，一面想些話題和司機聊天。司機的駕駛座旁邊放了一盒巧克力糖，他看我好心和他聊天，請我吃了兩顆巧克力糖。

第二天，我告別了蘇格蘭，去拜訪勃朗特姐妹的故居，勃朗特姐妹至少有兩位是我們所熟知的，夏洛蒂勃朗特是「簡愛」的作者，愛米兒勃朗特是「咆哮山莊」的作者，他們的故居在蘇格蘭北部叫做哈華斯小鎮附近的荒原，是很多旅客喜歡去散步的地方。

去哈華斯，我要換幾次火車，最後一次火車的旅程，只有二十分鐘，卻是蒸氣火車，這

是整個英國碩果僅存的幾條蒸汽火車鐵路，車子奇舊無比，服務員、連司機在內，都是義工。他們向政府力爭要維持住這些蒸汽火車，雖然乘客已經不多，可是由於由義工來服務，居然也還能夠撐了下去。

使我感到感慨的是鐵路沿線的小火車站，雖然小到了極點，可是極爲雅致，火車站上仍然種滿了花，車站的燈飾也維持住當年的古典型式。

我走出了哈華斯車站，大約是晚上七點左右，發現街上一個人也沒有，好不容易找到幾個「臥床和早餐」（Bed and Breakfast）的牌子，卻找不到主人。在英國旅行，大多數人喜歡住人家家裡，這些經過政府發給執照的家庭，在門口掛上「臥床和早餐」的牌子，一個旅客只收十五英鎊左右（大約等於台幣六百六十元），除了臥室以外，還可以享受一頓熱騰騰的英國式早餐。我在失望之餘，忽然看到一個「小屋出租」的牌子，也看到有人在裡面吃晚飯，就硬了頭皮去敲門了。

應門的是一對五十多歲的夫婦，他們說他們的確有一幢小屋出租，可是都是租給一家人的，而且一租就租一週。所以對於我這個人只要住一個晚上，不免有點面有難色。可是經過我苦苦哀求以後，男主人說「我們總不能讓這個可憐的年輕人（我已五十三歲）流浪街頭」，於是我總算找到了一間屋子過夜。

哈華斯小鎮是個典型英國美麗的小鎮，全鎮只有一條石舖的小街，兩旁的建築全是石造

的古屋，連街燈也像古色古香的煤氣燈，雖然很美，可是入夜以後空盪盪的街上只剩下我一個人，小鎮旁荒原上的霧卻一陣陣地吹來，不禁使我想起了描寫英國謀殺案的電影（我才看過開膛手傑克那部影片）。

我租的小屋其實不小，樓下是起居室和飯廳，樓上有四間臥室，我糊裡糊塗地一個人住進了幢屋子，卻又想起了咆哮山莊裡荒野裡女主角鬼魂的呼叫聲，不禁害怕起來，入睡以前，我做了一件丟臉的事，我打開了走廊的燈，這樣總比整個屋子漆黑一片好。

哈華斯小鎮是當年勃朗特姐妹居住的地方，他們的父親是一位牧師，全家住的那幢石造的房子依然存在，已成爲博物館。小鎮附近全是田野和荒原，因爲地勢很高，當地風很大，入冬以後更是蕭瑟得緊，可是英國人偏偏喜歡到野外去散步，勃朗特姐妹們生前常常到附近的荒原去散步，我曾看過她們的傳記，發現他們全部英年早逝，好像都是死於肺炎（或肺病），顯然在寒冷的天氣裡到荒原去散步，雖然可以得到文學上的靈感，可是對健康一定不太好，難怪我們的作家們很少去荒原散步了。

傳說愛彌兒勃朗特生前常沿著一條荒涼的步道去探訪一座農莊，這座農莊築在高地，附近儘是荒野，由於視野遼闊，愛彌兒一定喜歡來此尋求靈感，她的咆哮山莊就是根據這座荒原上的農莊而寫出來的。

我到哈華斯，主要的目的就是去探訪那座農莊，農莊距離小鎮有五公里，必須步行才能到達，我一早到當地的旅客資料中心去拿了一張地圖，按著地圖去找，好在這條有名的勃朗特步道沿路有指標，除了英文以外，還有中文，不會迷路，可是只有我一個人，未免有些寂寞。好不容易看到了一對老夫婦從反方向散步回來，趕快問他們咆哮山莊究竟在那裡，老人指給我看，我不禁倒抽一口冷氣，因爲那座孤伶伶的農莊看起來遙遠得不得了，可望而不可及，老人看我有點心虛，立刻鼓勵我，「年輕人，再走一小時就到了」，在洋老人面前豈可退縮，我只好硬著頭皮向前走去。

到了那座叫做勃朗特小橋的地方，我總算看到了一位白衣女郎，而且是東方人，在我前面一段路，這下我精神爲之一振，加緊腳步趕去，沒有料到前面有一段筆直的山路要爬，這一段路爬下來，我已經氣喘如牛，半條命送掉，最糟糕的是那位白衣女郎和我的距離越來越遠。

這條步道一開始時還在牧場中穿過，路旁也可以看到疏疏落落的家屋，大約半小時以後，就完全是眞正的荒原了，到了咆哮山莊，才發現這座農莊在山頂，雖然整個山谷都可以看得一淸二楚，可是山谷裡沒有一幢房子，沒有一點人工的痕跡，看不完的紫色石楠花在微風中搖擺，我不懂爲什麼會有人在這裡造座農莊，惟一的理由恐怕就是要享受四週原野的靜寂，可是在秋冬這裡會被大雪覆蓋，再加上大風，住在咆哮山莊的主人必定喜歡與世隔絕，

在我走完這一段路程的時候，我內心裡暗暗佩服愛彌兒勃朗特，她這麼一位弱女子，居然常常花上幾小時在荒原中散步，她們三姐妹之所以能成爲著名的作家，不知與她們的荒野散步有無關係。

在咆哮山莊，我找到了那位白衣女郎，是位日本人，虧得她幫我照了一張相，照相的時候，一頭黑臉羊過來和我親熱（有照相爲證），使我感到溫馨無比。回程和這位年輕的女孩子同行，她健步如飛，我兩度叫停，丟盡了臉，不過我比她大了三十歲，能在三小時走完十公里，已經算是不錯了。

告別了荒原，我回到了倫敦，脫下旅行時穿的流浪漢衣服，打上領帶，穿上西裝，恢復我名教授的身分，有模有樣地在旅館餐廳裡和其他幾位名教授吃晚飯，侍者禮貌之至，可是一點表情也沒有，菜肴精緻之至，可是一點味道也沒有，就在這個時刻，餐廳忽然播放了維瓦弟的「四季」，我的心又立刻飛回了微風輕拂的無邊荒原，我輕輕地告訴它們，只要你們一直是荒原，只要蒼鷹仍在盤旋，我一定會回來的。

親愛的讀者，如果你喜歡享受荒原之美，千萬不要告訴你庸俗的朋友，如果蒼穹島上有了希爾頓酒店和麥當勞，一切都完了。

八十年十一月十七日聯副

天堂與地獄

昨天深夜，電視台上播放「心田深處」這部電影開始的時候，曾經描寫美國一個南方小鎮裡的種族偏見，一位黑人犯了罪，白人立刻以私刑將他吊死。

這部電影結束時，村民齊集在教堂裡共同舉行基督聖餐禮，這時候，那位死去的黑人和大家在一起，一齊唱出聖詩，一齊崇拜上主。

這到底是什麼意思？是表示黑人復活了嗎？很多我的學生說，這意味著「只有天堂上，黑白才有平等，只有在天堂上，黑人和白人才可能和平相處，相親相愛。」

我自然無從知道原作者的心意，可是我卻願意作比較有建設性的詮釋：「如果我們大家和平相處，我們就已在天堂裡，如果不能和平相處，我們就已在地獄裡。」

前一陣子，美國的洛城暴動，充分表現出美國社會不和諧，美國想製造一個人間的天堂，可是兩百年來，他們一直忽視種族不平等的事實，政客們不僅不努力於消滅種族問題，反而將這種問題泛政治化，利用種族偏見，來增加自己的選票，一夜之間，他們發現他們生

活在一座火山旁，這座火山隨時可以爆發，而大家卻束手無策。

即使布希總統，在上次大選期間，也利用所謂「威廉郝頓」事件來打擊杜凱吉斯，威廉郝頓由杜凱吉斯以州長身分准許保釋，出獄後立刻犯罪，微妙的是，郝頓先生是位黑人，他的照片一再在電視上亮相，使美國很多白人加深了他們對黑人的偏見，紛紛放棄杜凱吉斯，布希總統眞可以說贏得了天下，而喪失了靈魂。

美國是個民主國家，二百年前，美國的偉大領袖們信誓旦旦地說「人生而平等」，但同時他們對黑奴制度不發一言，夠諷刺的是：美國歷史上最重要的黑白不得分校的裁定，不是經由國會立法，而是由華倫大法官以大法官會議名義所作成的解釋，大法官沒有選票的問題，他們可以照他們的良心來做事。

也不能說是美國是唯一有種族偏見的國家，只因爲美國喜歡講人權、講自由、講平等、講司法尊嚴等等，洛城爆動才會引起舉世注目。其實東歐和蘇聯最近所表現出來的種族問題，其嚴重程度，絕對遠超過了美國。尤其值得我們注意的是，這些國家全在民主化的過程中，過去獨裁政府還可以將這些偏見壓制下來，現在有野心的政客們，發現利用人民在種族、宗教上的種種偏見，乃是自己往上爬的捷徑。他們一定會大大鼓動所謂的民族主義，可憐的是無數無辜的老百姓死亡在這些種族戰爭裡。

天堂與地獄，戰爭與和平，都是一念之差，我們不必等到死後，才進天堂。如果我們內

心有平安，如果內心充滿對別人的友愛，即使生活困苦一點，也是生活在天堂裡。反過來說，我們心中充滿仇恨和貪婪，即使是百萬富翁，也是生活在地獄裡。

我們看到白人警察毆打黑人，我們看到黑人毆打白人司機，我們看到亞美尼亞人和亞塞拜然人互相殺害。我們應該知道這一切都導源於人民心中的仇恨，如果這種仇恨不能消滅，他們即使不是生活在地獄裡，也至少是生活在地獄的邊緣。

很多人都以爲只要民主了，只要有了完美的政治制度，天堂即將來臨。飽嘗獨裁之苦的東德人，趕走共產黨以後，卻發現東德的年輕人剃了光頭，倡導納粹主義，主張打倒外籍勞工。美國二百年的民主政治，沒有解決他們的種族問題，印度一直有自由選舉，印度卻一直是一個極度窮困而不安的國家。

柴契爾夫人執政時，曾和工黨對抗，英國礦工的罷工長達幾乎一年之久，工人生活極爲悲慘，可是政客們毫無妥協的意思。最後，保守黨的上議院麥克米倫爵士發言，這位曾任首相已達九十高齡，他以顫抖的聲音說「我七、八歲的時候曾經看到過工人大罷工所引起悲慘情況，我現在已是九十歲，沒有想到我快死以前，英國仍有這種大罷工」。麥克米倫是保守黨黨員，他的發言沒有任何政治色彩，完全站在人道主義的立場。這個代表良心的言論使柴契爾夫人窘不堪言，也使政客們迅速地結束了罷工。

我希望將來統治我們世界的仍是一股道德的力量，這股道德力量，能在民主政治的運作

之下，喚起人類的良知良能，如果人類美好的情操能夠發揮，人類就會有眞正的和平，世界就是天堂。

如果情形相反，我們聽任人類的低劣情操主導世界，那我們就正在製造一個活生生的地獄。

八十一年五月二十四日聯副

吾愛吾徒

我小的時候，作文題目常有「我的……」出現，舉例來說「我的爸爸」（我的爸爸在嚴肅的外表下，仍有一顆仁慈的心），「我的媽媽」（我的媽媽有一雙粗糙的手），「我的老師」（我的老師淡泊其志）等等。現在我已年過半百，我要寫這篇「我的學生」的文章，來表示我對我的學生的謝意。

說實話，我常覺得我這個人運氣很好，父母好、太太好、朋友好、女兒雖小，但也還算聰明聽話，職業是教書匠，一輩子大概只要沒有什麼醜聞，總可以混口飯吃。人生至此，眞應該感謝上蒼了。可是我覺得我除了以上這些値得感恩之處以外，還有一件令我特別快樂的事：我有一大票可愛的徒弟。

古人：「得天下英才而教之，不亦樂乎」，我卻不在乎我的徒弟是不是英才，對我而言，我的徒弟們一概是「小子」，畢業以前，我以「小子」稱之（女性除外），畢業以後，有人官拜某國立大學某學院之院長，雖然人人敬畏之，我卻仍叫他「小子」，至少在表面

上，這個小子好像已經認了，我的積習難改也。

做我的徒弟，有時倒楣之至，因爲我喜歡打網球，可是從不認眞打，也不喜歡和同事打，以免蜚短流長，和學生打網球，可以聽他們胡扯，一樂也。我有一陣子起得很早，壓迫一位同學六時半起來，這個小子被我鬧得可憐兮兮，就假裝鬧鐘壞了、鬧鐘丟了等等的說詞，可是我直奔他的宿舍，將他從酣睡中抓起來。有一天，我又去宿舍抓人，他的床上人去床空，我正想離去，他的室友賣友求榮，告訴我他睡到隔壁去躲這一場「政治網球」，我得了線民的密告以後，依線索找到了這個小子，所謂「天網恢恢」也。我前些日子還和這個小子在福華飯店吃早飯，他在美國工作，表現得非常傑出，常被派到世界各地去講演一些技術上的問題，我問他肯不肯再陪我打網球？他一臉苦相地欣然答應。

我的徒弟陪我打球，一概又不贏，又不輸，有一次一位球友向我告假，說他下次不能來了，因爲他要去上週會，我知道他根本從不去上週會，爲何這次要去？原來他是全校網球冠軍，要去領獎也。我從此龍顏大悅，對自己的球藝大有信心，逢人就告訴人家我和清大的網球冠軍打球，而從沒有輸過球。

有一天，我路過網球場，看到我的徒弟在和他的同學打球，又抽又殺，兇猛無比。如果他以此對我，我恐怕一球都回不出，從此才知道，這個小子良心多好，我常常告訴他，像他這種有良心的人，將來一定會上天堂，他大惑不解，不懂爲何陪老師打網球，就可以上天

堂？

我的這位徒弟是個長袖善舞型，除了網球打得好以外，舞更是跳得出神入化。最後結婚了，太太卻沒有和他跳過一場舞，原來此人甚爲聰明，跳舞時絕不帶感情，找終身伴侶，一定要找一位賢妻良母也，此人在德國工作，據他說，手下全是一批「愚蠢的德國佬」，比我們淸大電機系的高材生，差了一大截。

除了早上到宿舍去抓人打網球以外，我還有一個惡習，常常半夜三更打電話去和學生談學問，我的徒弟們紛紛不堪其擾，可是也無可奈何，個個叫苦連天，有一次，幾位高足在校內沒有宿舍可住，只好住到校外，我的一位高足就死也不肯裝電話，以防我晚上打電話去鬧，可是他後來交了女朋友，只好裝了電話，此公現在在南部某大學任敎，我陰魂不散，仍然打電話去和他談學問，有一次我希望他週日下午和我以電話討論，他說不行，因爲他要帶孩子出去玩，不知何故，我那天下午又打電話去，這次他太太接的電話，告訴我他的丈夫根本沒有帶孩子去玩，而是去橋牌社打橋牌了，她告訴了我橋藝社的電話，我打去，告訴他們我要找某某大學的楊某某敎授，他們竟然廣播找人，我的寶貝徒弟眞是氣得半死。好像最近都不去打橋牌了，因爲我每次打電話去找他，他不是在家，就是在硏究室，用功得無以復加。

我另一個毛病是喜歡抓學生一齊去吃飯，有時太太小孩不在，我就逢人就抓，陪我去吃

飯。有次我的高足告訴我他不行，理由是他的祖母從台北來，他要回家陪祖母。這個理由崇高無比，我當然不能勉強他，可是那天晚上，我又有問題要找他，一通電話打到他家裡去，他媽媽告訴我他陪他女朋友吃飯去，根本沒有祖母自台北來之事。我的徒弟做賊心虛，吃飯吃到了一半，打電話回家去查，問老師有沒有來找，他媽媽據實以告，他飯沒有吃完，將女朋友丟下不管，趕到我的研究室來找我，這個小子善於裝天眞浪漫的樣子，這次更不例外，一副小孩模樣，向我保證以後不會用「祖母來」的藉口。

我一向開老爺車，有一次我的一位博士班徒弟告訴我他有一輛名貴轎車，是他姊姊送他的，他根本養不起這種耗油的進口車等等，我最近才發現，原來這位高足是自費買的，只是因爲他替車行老闆解決了一些電腦上的問題，老闆打了折扣賣給他，他看到我開老爺車，嚇得發昏，只好編了一套美麗的謊言來騙我這個老糊塗。

我一向告誡我的高足，他們畢業以後，不要想做系主任、所長等等，而應埋頭做研究，可是我學生中不少仍做了系主任之類的官，每次做官以前，都以發抖的聲音來向我解釋，說是因爲全民擁戴，他再三推辭，才不得已地接受了。他們也會在電話中發下海誓，保證今後仍然努力研究，絕不懈怠等等。我一概訓勉他們一番，勸他們要堅守研究崗位，不要只想做官。事後才想起自己做了十七年的行政官，什麼官都做過了，所謂只准州官放火，不准百姓點燈也。

我和學生們來往，最使我感到自己年紀已大的是學生們個個胃口奇佳，尤其大學部的小子，滿桌子的菜，好像永遠不夠，一盤一盤地掃光，到了最後一道菜上來，狡猾的小子以猜拳來決定誰還可以吃，暗示老師應該加菜，天眞而老實的老師會立刻再叫幾道菜，其實這些大肚漢能屈能伸，如果適可而止，也無不可。

我有一次請一位高足在家裡吃「便餐」，他盛飯時在廚房裡待了總有五分鐘之久。事後才發現這個傢伙，將每一粒飯都盛入了碗中，我這一輩子也沒有看到過如此光溜溜的飯鍋，簡直可以不用洗了。

我另一個大肚量的高足，常常被太太管，不准他多吃，他會騙他太太要去學校做研究，其實是到附近的麵店去吃一碗麵，此人已是位名教授，當然也要請學生吃飯，我一直好奇，他會不會和學生爲搶菜吃而大打出手，前幾天我們曾經共餐，他好像頗有節制，事後想想，當時他太座在場，大概是做給他太太看的。

大家千萬不要以爲我的高足都是好吃懶做之徒，其實一談到學術，他們毫不含糊，對新的論文發表情形，更是瞭如指掌，一些才考入我們研究所的同學，接觸到我們的博士班同學，無不對他們佩服得五體投地，因爲他們引經據典的談學問，使這些菜鳥目瞪口呆。

我們每週舉辦一次書報討論會，前面永遠都是教授們坐，後面才是快畢業的博士班同學，博士班新生尾隨其後，而碩士班的小鬼們永遠敬陪末座，他們也通常不敢發言，只是專

心聽那些準博士們的放言高論。

我從前的辦公室有一張會議桌，每次學生聚會，博士班學生會自動地坐在會議桌旁，碩士班同學只敢坐在其他的椅子上，即使會議桌上有空位，底下擁擠不堪的碩士班同學們也不能去佔個位子，所謂「有學問的老爺炕上坐，沒學問的老爺炕下坐」，有一位同學告訴我，他當年不知道這種行規，看看那邊沒有人，跑去坐，被人趕了下來。他發誓將來一定要唸個博士學位，以雪此恥。我的學生階級如此鮮明，我從不反對。因爲學術界有些階級制度，只要是以學問來分，也是好事。

說了一大堆學生可愛之處，也要談談學生們可惡之處，話說最近的電腦技術變化奇快，我根本趕不上最新技術，每次用軟體，出了問題，我就得找一位高足來問，這些小子這時候一副得意忘形的嘴臉，委實可惡。我有一位高足，更是每次教我的時候，一概面露得意之微笑，好像在說，「這下你認輸，來苦苦哀求我了」，我只好忍氣吞聲，在高足指點之下，在鍵盤上亂敲一陣。學生們有良心的會傾囊以授，沒有良心的會留下幾手，使得我這個老老師以後又要不恥下問。

過去我曾做過電機系的系主任，將所有有一門不及格的同學，一概抓來訓一頓，有一次我看到一位傻呼呼的同學在看佈告，就問他「你有沒有功課不及格？」他說有，我說趕快到我辦公室去，我要和你談談，他跟著我進去，等我將學生成績單拿出來，他才開口問「老

師，我不懂爲何我要來挨駡，我是數學系的」。

有一次電機系二年級的同學決定要和系上的老師們建立革命感情，叫了酒菜，請我們老師們去吃喝，我隔座的學生眉清目秀，我因此對他有了印象。可是我事後常在校園裡看到他，每次卻都問他「我怎麼認識你的？是不是當年有功課不及格？」如此很多次，他畢業後，來向我辭行，因爲他決定到別的大學去唸研究所，原因是如果他繼續在清華唸，我一定會一直問他是不是當年功課不及格，他實在吃不消，只好一溜了之，在清華，他實在混不下去了。

有一次，新竹的登山協會打電話給我，告訴我某某登山計畫取消了，叫我通知我的一位學生，我丈二和尚摸不著頭，事後才知道，很多同學在登山以前，將我列入他們的「緊急事件通知人」，有的學生，從他們理個平頭，傻乎乎地以大一新生的身分進入校園，到他們上台領到博士證書，在清大可能一口氣待上了十年以上，也難怪我們親如父子了。

我小的時候，有人替我算命，說我子孫滿堂，其實我只有一位千金，無子也無孫。最近和已畢業的小子們聚會，看到他們攜兒帶女的情況，才恍然大悟子孫滿堂的意義。

小子們，我在此謝謝你們，使我快快樂樂，無怨無悔地過了一生。

八十一年八月九日聯副

吳師傅的盛宴

再過兩天就是舊曆年了，天氣好冷，如果打開報紙來看，我們會更覺得冷。

有一位新竹跑社會新聞的記者告訴我一個他的經驗，他說他的職業使他常常覺得非常沮喪，而他應付的辦法很簡單，他會去新竹縣鄉下的一個專門收容家遭變故孩子的兒童中心，這所兒童中心由一群善心的修女主持，她們的仁愛和贊助者的熱心常能使這位記者恢復對社會的信心。

我晚上正好有事去這所兒童中心，雖然只有二個小時，我卻看到了好多善心人士來幫忙，一對老夫婦駕了一部小貨車來，車廂後門打開，一件一件的新夾克拿了出來。快過年了，這對老夫妻顯然認為過年時應該穿新衣服。

當晚我在家裡看了一部電影，「芭比的盛宴」，這部電影似乎在解釋一個簡單的道理，那就是人不能只靠崇高的理想生活，我們這些凡人有時也需要吃一些好的東西，芭比是一位名廚，她在電影裡所表演的那一場法國大餐不是為大人物吃的，而是為了一些鄉下人。

看完以後，我不禁想起那所兒童中心的孩子們，會不會有人做一頓好吃的年夜飯給他們吃呢？

除夕，我在下午五點鐘還在辦公室假裝認眞地工作，整個清華大學靜悄悄地，從我的電腦終端機上，忽然傳來一句話「老師，回家去吃年夜飯吧，我已關燈，馬上就要走了。」又一次提醒我年夜飯的事，中國人總要在這個除夕夜吃一頓特別的飯。

清華園到了現在，可謂萬籟俱寂。我忍不住開了車子在校園裡繞一圈，果眞所有大樓裡的燈光全部都熄了，連宿舍裡也是靜悄悄地。路過第二招待所，卻發現裡面的餐廳裡熱鬧得很，走進去有些孩子在裡面看電視，再一看，我所說的那所兒童中心的徐修女帶著一大批孩子在裡面看電視，她告訴我，第二招待所的吳師傅請她們全體小朋友吃年夜飯。

餐廳裡的餐桌上鋪了紅色的桌布，碗筷也比較講究，在廚房裡，吳大師傅和他的幾位助手，聚精會神地準備大餐。幾位我認識的僑生在幫忙，有一位是學電機的，沒想到他除了設計積體電路以外，還會切豆腐乾。

我心裡感到無比的溫暖，出校門的時候，看到四位年輕的警衛在聊天，他們又是一批吃不到年夜飯的傢伙，我因此停下來和他們聊幾句，有一位警衛甚至和我輕鬆地開起玩笑來，我當然也回敬幾句，車子開走的時候，聽到一位警衛說「李老頭，今天爲什麼情緒特別好？」

當晚有人從台北打電話來，他說台北好冷，問我新竹如何。我說我不覺得冷，在一個互相關懷的社會裡，誰會覺得冷呢？

八十二年二月十五日聯副

十全十美的一天

今天早上，我感到特別的爽。

我的五十肩，已經伴隨我快五年了，每天早上醒來，第一個感覺就是左手臂隱隱作痛，可是今天，一點感覺都沒有了。

窗外，天特別的藍。微風吹進來，還帶一些桂花的香味。

我的枕邊人，卻不見了。原來她在替我做早飯。結婚以後，我就告訴我老婆，人家貴爲英國首相的柴契爾夫人，都會替她老公每天早上做早飯，妳也應該如此。我老婆一口拒絕，她說：「早上睡早覺是神聖不可侵犯的人權，早飯你只好自理了。可是如果你做成了英國首相，我願意替你每天做早飯。」這是什麼邏輯？今天，她卻一反常態，在問我：「老公，你要吃炒蛋，還是荷包蛋？」

上班了，我照樣偷偷地看報，那位可惡的科長走進來看到我在看報，竟然一句話也不說，還和我聊了幾句。

業務會報，我照例亂講一氣，科長聽了以後，居然無所謂的樣子，可是我的那些同事全被他罵得狗血淋頭。

吃午飯的時候，更怪的事發生了，別人的菜都一模一樣地用大鍋菜燒出來的，我卻有一盤回鍋肉，味道也完全對我的胃口，那有這麼巧？

我實在忍不住了，正好隔壁的老王是我的知己，因此我就問他，「老兄，怎麼回事？爲什麼我今天什麼事都順利得不得了？」

老王反問我：「你眞的不知道？」

「我眞的不知道。」

「要知道眞相嗎？」

「我當然要。」

「那就告訴你吧，你已經死了。您應該知道，只有死人才會有這種十全十美的日子。」

我大聲抗議：「你胡說，你胡說，我活得好好的……」

「老公，你怎麼又講夢話了？」我被我的老婆推醒。「眞討厭，一大早講夢話，害得我被你吵醒了。」

我揉了一下眼睛，立刻感到我的肩膀隱隱作痛，我的黃臉婆蓬頭散髮地睡在我旁邊，我忽然覺得她好可愛，忍不住去親了她一下。

「你瘋了，老瘋子。」這下子她眞醒了，立刻下達命令：「下班以後，買一斤里肌肉，我還要一些番茄，……。」她還在下命令的時候，我早就溜了出來。我知道她的脾氣。只要我記得一兩件東西，帶回家亮相，就可以交差，反正她是個寬宏大量的人。

外面下著大雨，沒有柴契爾夫人替我燒早飯，我只好撐著傘，先去門口小店吃燒餅油條，然後在雨中擠上了公車上班。

上班的時候，我老是笑嘻嘻地。中午，老王對我說：「老李，你吃錯了什麼藥？平常只聽到你發牢騷，是個牢騷大王，今天怎麼一句埋怨的話都沒有了？」我說：「老王，發什麼牢騷？如果你一早醒來，發現世界美得不得了，一點牢騷都沒有，那你就完了。」老王太年輕，他似乎聽不懂我的意思。

八十二年三月六日聯副

我是誰？

從聖彼德大教堂裡，一陣陣沈重的鐘聲傳了出來，教宗庇護二世去世了。

去世教宗的靈魂悠悠地到達了天堂，天堂裡也有電視機，所以他可以看到地球上他葬禮的盛大場面。可是在天堂裡，似乎一點動靜也沒有，他總以爲會有些歡迎的儀式，可是他在街上走來走去，沒有一個人認識他。

走著走著，他看到了一個牌子「天堂報到處」，他走了進去，裡面的辦事員笑嘻嘻地問他，「請問你是誰？」

「我是教宗庇護二世。」

那位接待員在電腦終端機上打進了一些字，然後滿臉困惑地告訴他，「找不到你的資料？」

教宗也糊塗了。他以爲人人都認識他，他擁有到天堂的鑰匙，怎麼到了天堂，人家又說沒有他的資料。

他想了一想，說出另一個比較小的頭銜：某某地方的樞機主教，終端機上仍然表示查無此人。

教宗再給了一個頭銜，某某地方的主教，仍然查無此人。

最後，教宗想起了他曾在羅馬鄉下的孤子兒院照顧貧窮的孩子，做了那裡八年的本堂神父，當時大家叫他保羅神父。

「找到了」，歡迎你，保羅神父，你的資料上說你是個仁慈的神父。多少貧窮的孩子感到了你的愛。

教宗偷偷地看一下終端機上的文字，發現他的資料僅僅記載了他在孤兒院的經歷，以後他做主教、樞機主教、甚至全世界天主教徒的精神領袖，這些都隻字未提，完全空白。

保羅神父倒抽一口冷氣，拿出手帕來擦額頭上的汗。

電視上傳出了新聞快報，新教宗產生了。

保羅神父說「我認識這個傢伙，我要傳個信息給他，叫他不要忘記他是誰」。

約翰只有七歲，可是他快死了，他得了愛滋病。最近有一位新的路加神父常來看他，每次都使他感到非常地快樂。

今天小約翰對路加神父說「路加神父，大家都說你像新的教宗，可是你又像一個普通的

神父，你究竟是不是新的教宗？」

路加神父叫他不要胡思亂想，他舉起手來祝福小約翰。

小約翰終於看了出來，「神父，你露出馬腳了。你用拉丁文祝福我，只有教宗才會這樣做的」。

路加神父彎下身來，在小約翰的耳朵前輕輕地說：「孩子，我的確是教宗，可是我一直沒有忘記我也是路加神父，來自鄉下的一位普通神父。」

小約翰笑著說「我只認識路加神父，我不認識教宗」。

路加神父離開了醫院，他跨上摩托車，在寂靜的羅馬街道上，駛回了梵蒂岡城。

八十二年三月十四日聯副

視力與偏見

在從紐約到波士頓的火車上，我發現我隔壁座的老先生是位盲人。

我的博士論文指導教授是位盲人，因此我和盲人談起話來，一點困難也沒有，我還弄了一杯熱騰騰的咖啡給他喝。

當時正值洛杉磯種族暴動的時期，我們的談話因此就談到了種族偏見的問題。

老先生告訴我，他是美國南方人，從小就認爲黑人低人一等，他家的佣人是黑人，他在南方時從未和黑人一起吃過飯，也從未和黑人上過學，到了北方唸書，他有次被班上同學指定辦一次野餐會，他居然在請帖上註明「我們保留拒絕任何人的權利」。在南方這句話就是「我們不歡迎黑人」的意思，當時舉班譁然，他還被系主任抓去罵了一頓。

他說有時碰到黑人店員，付錢的時候，總將錢放在櫃台上，讓黑人拿去，而不肯和他的手有任何接觸。

我笑著問他：「那你當然不會和黑人結婚了！」

他大笑起來：「我不和他們來往，如何會和黑人結婚？說實話，我當時認爲任何白人和黑人結婚都會使父母蒙辱。」

可是，他在波士頓唸研究所的時候，發生了車禍。雖然大難不死，可是眼睛完全失明，什麼也看不見了。他進入一家盲人重建院，在那裡學習如何用點字技巧，如何靠手杖走路等等。慢慢地也終於能夠獨立生活了。

他說：「可是我最苦惱的是，我弄不清楚對方是不是黑人。」我向我的心理輔導員談我的問題，他也儘量開導我，我非常信賴他，什麼都告訴他，將他看成自己的良師益友。

有一天，那位輔導員告訴我，他本人就是位黑人。從此以後，我的偏見就慢慢完全消失了，我看不出人是白人，還是黑人。對我來講，我只知道他是好人，還是壞人；至於膚色，對我已絕對地無意義了。

車子快到波士頓，老先生說：「我失去了視力，也失去了偏見，多麼幸福的事！」

在月台上，老先生的太太已在等他，兩人親切地擁抱。我赫然發現他太太是一位滿頭銀髮的黑人，當時吃了一驚。

我這才發現，我視力良好，因此我偏見猶在，多麼不幸的事！

八十二年三月二十四日聯副

我已長大了

我的爸爸是任何人都會引以爲榮的人。

他是位名律師，精通國際法，客戶全是大公司，因此收入相當好，可是他卻常常替弱勢團體服務，替他們提供免費的服務。不僅此也，他每週都有一天會去勵德補習班去替那些青少年受刑人補習功課，每次高中放榜的時候，他都會很緊張地注意有些受刑人榜上是否有名。

我是獨子，當然是三千寵愛在一身，爸爸沒有慣壞我，可是他給我的實在太多了。我們家很寬敞，也佈置得極爲優雅。爸爸的書房是清一色的深色家具、深色的書架、深色的橡木牆壁、大型的深色書桌、書桌上造型古雅的檯燈，爸爸每天晚上都要在他書桌上處理一些公事，我小時常乘機進去玩。爸爸有時也會解釋給我聽他處理某些案件的邏輯。他的思路永遠如此合乎邏輯，以至我從小就學會了他的那一套思維方式，也難怪每次我發言時常常會思路很清晰，老師們當然一直都喜歡我。

爸爸的書房裡放滿了書，一半是法律的，另一半是文學的，爸爸鼓勵我看那些經典名著。因爲他常出國，我很小就去外國看過世界著名的博物館。我隱隱約約地感到爸爸要使我成爲一位非常有教養的人，在爸爸的這種刻意安排之下，再笨的孩子也會有教養的。

我在唸小學的時候，有一天在操場上摔得頭破血流。老師打電話告訴了我爸爸。爸爸來了，他的黑色大轎車直接開進了操場，爸爸和他的司機走下來抱我，我這才注意到司機也穿了黑色的西裝，我得意得不得了，有這麼一位爸爸，眞是幸福的事。

我現在是大學生了，當然一個月才會和爸媽度一個週末。前幾天放春假，爸爸叫我去墾丁，在那裡我家有一個別墅。

爸爸邀我去沿著海邊散步，太陽快下山了，爸爸在一個懸崖旁邊坐下休息。他忽然提到最近被槍決的劉煥榮，爸爸說他非常反對死刑，死刑犯雖然從前曾做過壞事，可是他後來已是手無寸鐵之人，而且有些死刑犯後來完全改過遷善，被槍決的人，往往是個好人。

我提起社會公義的問題，爸爸沒有和我辯論，只說社會該講公義，更該講寬恕。他說「我們都有希望別人寬恕我們的可能」。

我想起爸爸也曾做過法官，就順口問他有沒有判過任何人死刑。

爸爸說「我判過一次死刑，犯人是一位年輕的原住民，沒有什麼常識，他在台北打工的時候，身分證被老闆娘扣住了，其實這是不合法的，任何人不得扣留其他人的身分證。他簡

直變成了老闆娘的奴工，在盛怒之下，打死了老闆娘。我是主審法官，將他判了死刑。

「事後，這位犯人在監獄裡信了教，從各種跡象來看，他已是個好人，因此我四處去替他求情，希望他能得到特赦，免於死刑，可是沒有成功」。

「他被判刑以後，太太替他生了個活潑可愛的兒子，我在監獄探訪他的時候，看到了這個初生嬰兒的照片，想到他將成爲孤兒，也使我傷感不已，由於他已成爲另一個好人，我對我判了死刑痛悔不已」。

「他臨刑之前，我收到一封信」。

爸爸從口袋中，拿出一張已經變黃的信紙，一言不發地遞給我。

信是這樣寫的：

法官大人：

謝謝你替我做的種種努力，看來我快走了，可是我會永遠感謝你的。

我有一個不情之請，請你照顧我的兒子，使他脫離無知和貧窮的環境，讓他從小就接受良好的教育，求求你幫助他成爲一個有教養的人，再也不能讓他像我這樣，糊裡糊塗地浪費了一生。

××× 敬上

我對這個孩子大爲好奇，「爸爸你怎麼樣照顧他的？」

爸爸說「我收養了他。」

一瞬間，世界全變了。這不是我的爸爸，他是殺我爸爸的兇手，子報父仇，殺人者死。我跳了起來，只要我輕輕一推，爸爸就會粉身碎骨地跌到懸崖下面去。

可是我的親生父親已經寬恕了判他死刑的人，坐在這裡的，是個好人，他對他自己判人死刑的事情始終耿耿於懷，我的親生父親悔改以後，仍被處決，是社會的錯。我沒有權利再犯這種錯誤。

如果我的親生父親在場，他會希望我怎麼辦？

我蹲了下來，輕輕地對爸爸說「爸爸，天快黑了，我們回去吧！媽媽在等我們」。

爸爸站了起來，我看到他眼旁的淚水，「兒子，謝謝你，沒有想到你這麼快就原諒了我」。

我發現我的眼光也因淚水而有點模糊，可是我的話卻非常清晰，「爸爸，我是你的兒子，謝謝你將我養大成人。」

海邊這時正好颳起了墾丁常有的落山風，爸爸忽然顯得有些虛弱，我扶著他，在落日的餘暉下，向遠處的燈光頂著大風走回去，荒野裡只有我們父子二人。

我以我死去的生父為榮，他心胸寬大到可以寬恕判他死刑的人。

我以我的爸爸為榮，他對判人死刑，一直感到良心不安，他已盡了他的責任，將我養大

成人，甚至對我可能結束他的生命，都有了準備。

而我呢？我自己覺得我又高大、又強壯，我已長大了。只有成熟的人，才會寬恕別人，才能享受到寬恕以後而來的平安，小孩子是不會懂這些的。

我的親生父親，你可以安息了。你的兒子已經長大成人，我今天所做的事，一定是你所喜歡的。

八十二年四月十八日聯副

富翁與乞丐

在英國，我常看到古怪名字的店，可是叫「富翁與乞丐」的飯店，還是第一次見到，使我大爲好奇。

飯店的佈置古趣盎然，令人感到時光倒流，彷彿回到了二百年前的英國。門口的櫃台上放了一只捐款的箱子，上面註明是爲了索馬利亞捐款，旁邊還有一張大型令人慘不忍睹的饑民海報，我覺得飯店裡放這種海報有點殺風景，趕緊快步進去找了個位置坐下。

我點了燉羊腿，叫了飯前酒，好整以暇地等人上菜。就在這段等的時候，我的好奇心又來了，爲什麼這個飯店叫「富翁與乞丐」呢？

店主告訴我一個有趣的故事，幾百年前，這塊地方全部屬於一個富有的伯爵，這位富人在六十歲生日的前夕，找了一位畫家，將他的全家，以及他的大廈全部畫入了一張油畫，現在這幅畫就掛在這家飯店裡。

我看到了這幅畫，畫中的主人翁夫婦雍容華貴，他的孩子們都在他宅邸前面的草地上，有坐、有站、也有的在追逐遊戲，畫裡一片歡愉的情景。

生日不久，伯爵的領地內發生了一個悲劇。一位佃農去世，遺下的寡婦知道自己體弱多病，又有四個小孩，因此決定自殺，可憐的是，她在孩子們的食物裡又下了毒，看到他們去世以後才自殺。

悲劇發生以後，富翁常對著畫發呆。大家問他爲什麼?他起先不肯回答，最後被問急了，只好承認一件事，他說他在畫中看到二位乞丐，在草地上向他的家人求乞，而家人全部不爲所動，根本忽略乞丐的存在。使他大惑不解的是他過去爲什麼沒有注意到這兩位乞丐。

家人卻都沒有看到乞丐，但也不願和他爭辯，有一天，伯爵將他的家人聚到他的書房裡，告訴他們他有話要說，這些話希望他的子子孫孫都能記得。他的話很簡單「小小領地之上，富翁與乞丐共存，是件羞恥的事」。

伯爵的子孫還算爭氣，他們在事業上成功，可是也常能照顧社會上的弱勢團體。據店主說，英國有些照顧窮人的福利制度，就是伯爵的一位後代，在議會裡力爭通過的。

我聽完這個傳說以後，開始享受我的大餐。酒醉飯飽以後，到門口去付帳，忽然又看到了索馬利亞饑民的海報，這次我聽到了一個聲音，「回過頭去看那幅畫」。令我大吃一驚的是我竟然看到了兩個乞丐，我揉揉眼睛，走近去仔細地看，仍然看到那兩位衣衫襤褸的乞

丐。

我陷入沈思，付帳時，店主看出了我的神情恍惚，他說「先生，你應該知道，你的確是富翁」，我沒有回答，只是點點頭，表示同意，也塞了不少錢進入那個捐款箱。

店主送我到門口，對我說「再見了，先生，願上蒼保佑你的靈魂」。

我走了幾步，卻又想回去，怎麼可能有人將乞丐畫進那幅畫？這幅畫，是富翁請人畫的，畫家怎麼敢做這種事？

可是我忽然想通了，畫中有沒有乞丐，並不重要。重要的是：「小小地球之上，富翁與乞丐共存，是一件羞恥的事」。

八十二年五月十日聯副

車票

我從小就怕過母親節，因爲我生下不久，就被母親遺棄了。

每到母親節，我就會感到不自然，因爲母親節前後，電視節目全是歌頌母愛的歌，電台更是如此，即使做個餅乾廣告，也都是母親節的歌。對我而言，每一首這種歌曲都是消受不了的。

我生下一個多月，就被人在新竹火車站發現了我，車站附近的警察們慌作一團地替我餵奶，這些大男生找到一位會餵奶的婦人，要不是她，我恐怕早已哭出病來了。等到我吃飽了奶，安詳睡去，這些警察伯伯輕手輕腳地將我送到了新竹縣寶山鄉的德蘭中心，讓那些成天笑嘻嘻的天主教修女傷腦筋。

我沒有見過我的母親，小時候只知道修女們帶我長大，晚上其他的大哥哥、大姊姊都要唸書，我無事可做，只好纏著修女，她們進聖堂唸晚課，我跟著進去，有時鑽進了祭台下面玩耍，有時對著在祈禱的修女們做鬼臉，更常常靠著修女睡著了，好心的修女會不等晚課唸

完，就先將我抱上樓去睡覺，我一直懷疑她們喜歡我，是因爲我給她們一個溜出聖堂的大好機會。

我們雖然都是家遭變故的孩子，可是大多數都仍有家，過年、過節叔叔伯伯甚至兄長都會來接，只有我，連家在那裡，都不知道。

也就因爲如此，修女們對我們這些眞正無家可歸的孩子們特別好，總不准其他孩子欺侮我們。我從小功課不錯，修女們更是找了一大批義工來做我的家教。

屈指算來，做過我家教的人眞是不少，他們都是交大、淸大的硏究生和教授，工硏院、園區內廠商的工程師。

教我理化的老師，當年是博士班學生，現在已是副教授了，教我英文的，根本就是位正教授，難怪我從小英文就很好了。

修女也壓迫我學琴，小學四年級，我已擔任聖堂的電風琴手，彌撒中，由我負責彈琴，由於我在教會裡所受的薰陶，我的口齒比較淸晰，在學校裡，我常常參加演講比賽，有一次還擔任畢業生致答詞的代表，可是我從來不願在慶祝母親節的節目中擔任重要的角色。

我雖然喜歡彈琴，可是永遠有一個禁忌，我不能彈母親節的歌。我想除非有人強迫我彈，否則我絕不會自己去彈的。

我有時也會想，我的母親究竟是誰？看了小說以後，我猜自己是個私生子。爸爸始亂終

棄，年輕的媽媽只好將我遺棄了。

大概因爲我天資不錯，再加上那些熱心家教的義務幫忙，我順利地考上了新竹省中，大學聯招也考上了成功大學土木系。

在大學的時候，我靠工讀完成了學業，帶我長大的孫修女有時會來看我，我的那些大老粗型的男同學，一看到她，馬上變得文雅得不得了。很多同學知道我的身世以後，都會安慰我，說我是由修女們帶大的，怪不得我的氣質很好。畢業那天，別人都有爸爸媽媽來，我的惟一親人是孫修女，我們的系主任還特別和她照相。

服役期間，我回德蘭中心玩，這次孫修女忽然要和我談一件嚴肅的事，她從一個抽屜裡拿出一個信封，請我看看信封的內容。

信封裡有二張車票，孫修女告訴我，當警察送我來的時候，我的衣服裡塞了這兩張車票，顯然是我的母親用這些車票從她住的地方到新竹車站的，一張公車票從南部的一個地方到屏東市。另一張火車票是從屏東到新竹，這是一張慢車票，我立刻明白我的母親不是有錢人。

孫修女告訴我，她們通常並不喜歡去找出棄嬰的過去身世，因此她們一直保留了這兩張車票，等我長大了再說，她們觀察我很久，最後的結論是我很理智，應該有能力處理這件事了。她們曾經去過這個小城，發現小城人極少，如果我眞要找出我的親人，應該不是難事。

我一直想和我的父母見一次面，可是現在拿了這兩張車票，我卻猶豫不決了。我現在活得好好的，有大學文憑，甚至也有一位快要談論終生大事的女朋友，爲什麼我要走回過去。去尋找一個完全陌生的過去?何況十有八九，找到的恐怕是不愉快的事實。

孫修女卻仍鼓勵我去，她認爲我已有光明的前途，沒有理由讓我的身世之謎永遠成爲心頭的陰影，她一直勸我要有最壞的打算，即使發現的事實不愉快，應該不至於動搖我對自己前途的信心。

我終於去了。

這個我過去從未聽過的小城，是個山城，從屏東市要坐一個多小時的公車，才能到達。雖是南部，因爲是冬天，總有點山上特有的涼意，小城的確小，只有一條馬路、一兩家雜貨店、一家派出所、一家鎮公所、一所國民小學、一所國民中學，然後就什麼都沒有了。

我在派出所和鎮公所裡來來回回地跑，終於讓我找到了兩筆與我似乎有關的資料，第一筆是一個小男孩的出生資料，第二個是這個小男生家人來申報遺失的資料，遺失就在我被遺棄的第二天，出生在一個多月以前。據修女們的記錄，我被發現在新竹車站時，只有一個多月大。看來我找到我的出生資料了。

問題是：我的父母都已去世了，父親六年前去世，母親幾個月以前去世的。我有一個哥哥，這個哥哥早已離開小城，不知何處去了。

畢竟這是個小城，誰都認識誰，派出所的一位老警員告訴我，我的媽媽一直在那所國中裡做工友，他馬上帶我去看國中的校長。

校長是位女士，非常熱忱地歡迎我。她說的確我的媽媽一輩子在這裡做工友，是一位非常慈祥的老太太，我的爸爸非常懶，別的男人都去城裡找工作，只有他不肯走，在小城做些零工，小城根本沒有什麼零工可做，因此他一輩子靠我的媽媽做工友過活。因爲不做事，心情也就不好，只好借酒澆愁，喝醉了，有時打我的媽媽，有時打我的哥哥。事後雖然有些後悔，但積習難改，媽媽和哥哥被鬧了一輩子，哥哥在國中二年級的時候，索性離家出走，從此沒有回來。

這位老媽媽的確有過第二位兒子，可是一個月大以後；神秘地失蹤了。

校長問了我很多事，我一一據實以告，當她知道我在北部的孤兒院長大以後，她忽然激動了起來，在櫃子裡找出了一個大信封，這個大信封是我母親去世以後，在她枕邊發現的，校長認爲裡面的東西一定有意義，決定留了下來，等他的親人來領。

我以顫抖的手，打開了這個信封，發現裡面全是車票，一套一套從這個南部小城到新竹縣寶山鄉的來回車票，全部都保存得好好的。

校長告訴我，每半年我的母親會到北部去看一位親戚，大家都不知道這親戚是誰，只感到她回來的時候心情就會很好。母親晚年信了佛教，她最得意的事是說服了一些信佛教的有

錢人，湊足了一百萬台幣，捐給天主教辦的孤兒院，捐贈的那一天，她也親自去了。

我想起來，有一次一輛大型遊覽車帶來了一批南部到北部來進香的善男信女。他們帶了一張一百萬元的支票，捐給我們德蘭中心。修女們感激之餘，召集所有的小孩子和他們合影，我正在打籃球，也被抓來，老大不情願地和大家照了一張像，現在我居然在信封裡找到了這張照片，我也請人家認出我的母親，她和我站得不遠。

更使我感動的是我畢業那一年的畢業紀念冊，有一頁被影印了以後放在信封裡，那是我們班上同學戴方帽子的一頁，我也在其中。

我的媽媽，雖然遺棄了我，仍然一直來看我，她甚至可能也參加了我大學的畢業典禮。

校長的聲音非常平靜，她說「你應該感謝你的母親，她遺棄了你，是爲了替你找一個更好生活環境，你如留在這裡，最多只是國中畢業以後去城裡做工，我們這裡幾乎很少人能進高中的。弄得不好，你吃不消你爸爸的每天打罵，說不定也會像你哥哥那樣離家出走，一去不返」。

校長索性找了其他的老師來，告訴了他們有關我的故事，大家都恭喜我能從國立大學畢業，有一位老師說，他們這裡從來沒有學生可以考取國立大學的。

我忽然有一個衝動，我問校長校內有沒有鋼琴，她說她們的鋼琴不是很好的。可是電風琴卻是全新的。

我打開了琴蓋，對著窗外的冬日夕陽，我一首一首地彈母親節的歌，我要讓人知道，我雖然在孤兒院長大，可是我不是孤兒。因爲我一直有那些好心而又有教養的修女們，像母親一般地將我撫養長大，我難道不該將她們看成自己的母親嗎？更何況，我的生母一直在關心我，是她的果斷和犧牲，使我能有一個良好的生長環境，和光明的前途。

我的禁忌消失了，我不僅可以彈所有母親節歌曲，我還能輕輕地唱，校長和老師們也跟著我唱，琴聲傳出了校園，山谷裡一定充滿了我的琴聲，在夕陽裡，小城的居民們一定會問，爲什麼今天有人要彈母親節的歌？

對我而言，今天是母親節，這個塞滿車票的信封，使我從此以後，再也不怕過母親節了。

八十二年八月十日聯副

胎記

夜已深，小約瑟從他骯髒的背包裡找出了他的十字架，親吻了十字架上的耶穌，喃喃地說「耶穌，我仍是個好孩子，保佑我平安地度過這一夜，不要讓壞人來殺我。」

小約瑟是個巴西首都里約熱內盧的流浪兒童，在里約熱內盧，成千上萬的兒童無家可歸，流浪在外，晚上他們都睡在一起，互相有個照應。

爲什麼小約瑟會有如此奇特的祈禱文？因爲殺流浪兒童已是巴西的一種風氣，孩子如果一個人睡在某一個大廈旁邊，常會被人開槍打死。在巴西，根據一九九一年的官方統計，一年內有一千五百位流浪兒童被暗殺。

大約清晨一時，小約瑟睡覺的街道上已靜到了極點，忽然一輛汽車急馳而至，三位蒙面的人拿了自動武器向這些孩子掃射，五十名孩子中彈，十三位當場死亡，小約瑟奇蹟似地逃過一劫，他一個本能是去找他的十字架，他隔壁的同伴也在找他們珍藏的十字架。就因爲這些動作，兇手發現他們仍然活著，將他們拖上了汽車，在幾里路以外，他們被推出了車子，

在那裡被槍殺，而屍首也留在那裡。

天網恢恢，一名清道夫目睹整個大屠殺的經過。他沒有看清楚車子號碼，可是卻認出了車型，由於車子是外國車，而且很少人開，警方很快地找到了三位嫌疑犯，他們其中之一有這種車子，清晨一點多，他們在丟棄小約瑟的地方走進了一家酒吧，在酒吧裡大聲喧譁，好像在舉行什麼慶功宴，酒保將他們認得一清二楚。不僅此也，小約瑟的十字架仍留在車子裡面，上面有小約瑟的指印，證據太充分，他們只好承認了。

這三位兇手都是巴西的特種警察。非常古怪而又殘忍的一批人。

雖然全世界輿論大譁，紛紛譴責這三位特種警察的罪行，特種警察總監卻替他辯護，他暗示流浪兒童已是治安的毒瘤，警察的行爲多多少少有一些替天行道的意義。對很多巴西的有錢人而言，他們同意警察總監的想法，他們只希望里約熱內盧光亮乾淨，至於孩子們爲何流浪，他們無心過問。也無法理解爲什麼會有孩子肯離家流浪。

警察總監的太太就是一位典型對流浪兒童漠不關心的人，她們全家住在一座大廈的第五十層，公寓裡安靜而舒服，她無法想像露宿街頭是怎麼一回事。她的兒子每天由一位警察開車送去上學，很少看到和他年紀相同的流浪兒童。

在警察總監發表電視談話的第二天，總監夫人收到一封限時信，信裡是這樣寫的：

「夫人，妳的兒子血型是A型，妳不妨打電話去他出生的醫院去查查看，究竟他出生時

登記的是什麼血型？」

夫人立刻打電話去查，醫院一聽是她打電話來，趕快用電腦查詢，查出來卻是B型。

雖然夫人對這個新來的資訊頗爲納悶，她決定暫時不理它，她的兒子很像她，也像他爸爸，應該不會弄錯了吧。

可是她又收到了一封信：

「夫人，妳的兒子是沒有胎記的，可是妳不妨去查查出生紀錄，看看當時右手腕內面有沒有胎記的紀錄。」

夫人趕快打電話去問，意想不到的是：孩子出生時，在右手腕的內面的確有一個胎記。

夫人幾乎六神無主了，她還不敢告訴她丈夫。可是第三封信接踵而至：

「夫人：我們窮人是常常換孩子的，我的哥哥將他才生下的兒子和妳的兒子掉了包，這也不能怪他，他太窮了。

我哥哥和嫂嫂一直對妳的兒子很好，嫂嫂根本不知道這件事。遺憾的是：他們都病死了，要是有一點錢的話，他們應該仍活著的，可是他們始終沒有看過任何的醫生。現在妳的孩子已是街上的流浪兒童，誰也不知道他在那裡。

我曾想去找他，可是人海茫茫，叫我到那裡去找？何況我自己也是個窮光蛋，找到了又怎麼樣呢？」

這一下，夫人決定立刻告訴她的丈夫。

警察總監下令全市的警察在首都各地展開搜尋，他們奉命要找年齡十三左右，右手腕內面有胎記的男性流浪兒童。

警察並不知道爲什麼要找這麼一位小孩子，他們以爲要找一位罪犯，所以找的時候當然也是粗魯之至。可是他們居然找到了兩位有這種胎記的男孩子。

警察總監親自出來看這兩個孩子，孩子恐懼之至，他們以爲這次一定是死定了。而警察總監呢？他看到這兩位又瘦又髒又無教養的孩子，他的直覺反應是「我的天啊！這怎麼會是我的兒子？」

就在警察總監猶豫不決的時候，他的部下說有人堅持要請他聽電話，電話裡對方告訴他應該去查一下紀錄，有一位被警察拖上車打死而棄屍的孩子，大約十三歲，男性而且右手腕內面有個胎記。

警察總監當場昏了過去，醒來以後，他已神經錯亂，看到男孩子，他就會去抱，口中唸著：「我的兒子」，他當然只好退休了。

總監夫人倒很鎮靜，她將這兩個孩子送進了一個收容所，對她現在的兒子，仍然視同己出，絲毫沒有改變態度，不僅此也，她也投入救援流浪兒童的工作，每天都爲這些可憐的孩子盡心盡力。

兩個月以後，總監夫人又收到一封信。

「夫人：我們沒有偷換妳的兒子，妳可以放心。

我是個電腦專家，我幾乎可以侵入任何一部電腦，也幾乎有能力修改任何的資料，妳兒子的資料，被我改過了。

妳不妨去查當年存入磁帶的資料，我無法更改那些資料，妳會發現妳的兒子血型是A型，也無胎記。

我的一位朋友看到了被殺孩子的資料，又看到妳丈夫在電視上的談話，我們決定讓他嘗嘗自己的孩子被殺的滋味。我們看到他瘋了，也很難過。

我們對你救援流浪兒童的善行甚為欽佩，因此決定告訴你事實眞相。」

總監夫人看完了信，有一種如釋重負的感覺，可是她並不太激動。已是夜間，她走到了陽台上，她知道樓下的街上，很多孩子沒有爸爸媽媽的照顧，而且還要擔心有人會來殺害他們，她的手放鬆了信，信在夜晚中，緩緩地從五十層高樓上飄了下去。

總監夫人找到了一個十字架，親吻了十字架上的耶穌，祈禱說「耶穌，求你保佑在街上睡覺的我的孩子們，他們如果做了壞事，也不能怪他們，無論如何，至少不要讓任何人殺害他們，也求你保佑我身體健康，讓我明天能繼續去為我的孩子們服務。阿門！」

八十二年十一月十一日聯副

真面目

人人都有個老闆要伺候，而像我的這個老闆，可眞難伺候了。

他是世界上最聲名狼藉的獨裁者之一，有好幾十年，中國大陸的億萬生靈都在他的掌控之下。他雖然是位大獨裁者，卻十分在乎他的形象。他一再努力，以一位和善可親的長者出現。而且他和別人聊天的時候，也都會非常小心，絕不讓人看出他的眞面目。

因此當尼克森去看他的時候，他以慈祥祖父的姿態出現，甚至對於文化大革命，他還表示厭惡。其實，在他的內心，看到他的當年老友被鬥，常感到痛快之至。

水門案件爆發以後，他對監聽系統產生了極大的興趣，有一次，他對我說，他希望能有一種系統，可以讓他知道訪客的眞正想法。

我是學人工智慧的，在念博士學位的時候，也上了一些腦神經的課，因此我進行了一個極爲秘密的大計畫，稱之爲「X計畫」。

X計畫的產品是根據腦波詮釋和電腦技術而設計的。我們裝了一個微小的腦波偵測器，

任何訪客和我老闆談話的時候，他的腦波就被我們記錄了下來。我們還有一個腦波詮釋系統，可以再將他的腦波詮釋得一清二楚。

也許讀者不太瞭解詮釋腦波有何意義，我必須在此解釋一下。假設我們拿一個字給一位先生看。明明這個字是「甲」，他可以面不改色地說是「乙」。這時候，有一個東西是騙不了人的，那就是他的腦波。因爲他的腦波會明白地顯示他看到的是「甲」。世界上能詮釋腦波的人少之又少。可是我仍找到了一批厲害的腦波專家。他們居然替我完成了一套全世界獨一無二的腦波詮釋系統。我們測試了很久，也慢慢地改進。最後終於幾乎做到了十全十美的地步。任何人的想法都被我們知道得一清二楚。

有了這套系統，已經很不錯了。可是我仍不滿意。我同時加上了一個秘密的攝影機，利用超級電腦內的影像以及語音合成的技術，我可以修改錄下來的影像，使訪客的眞面目顯現在錄影帶上。

舉例來說，訪客可能說「我絕對擁護某某人」，其實他心裡的話是「我恨透了某某人」。經過我的全套系統，我們可以看到訪客咬牙切齒地說「我恨透了某某人」。訪客也許會說「你看來氣色眞好」，錄影帶上卻會看到他笑嘻嘻地說「看來，你已活不久了」。

老闆對我的系統讚不絕口，每次訪客一走，他就要看一次所謂的眞面目錄影帶，也因此對他的政敵的想法瞭如指掌，難怪誰也鬥不過他了。

老闆終於病倒了，而且，在我看來，絕無康復的可能。他喜歡看老電影。有一天晚上，他要看一部老的歌舞電影，我負責送錄影帶進去。

臥室裡只有他一個人，我沒有立刻放那部歌舞電影，我插入一捲錄影帶，銀幕上顯現的是他的眞面目。這位平時看上去慈祥的老人家，現在卻是個卑鄙、無恥而且殘忍的人。

老闆幾乎跳了起來，氣呼呼地問我是怎麼一回事。我告訴他，當年尼克森在白宮裡裝了監聽器，最後也害了自己。我們的系統同時瞄準了他，因此在電腦裡，有他的眞面目紀錄。

我也告訴他，他在世上的日子已不多了，不過，就要去和一位先生見面，這位先生只知道他的眞面目。因此，爲了使他心理有準備，先讓他看看自己的眞面目。

老闆已不能言語，他越看越害怕，幾分鐘後就斷了氣。

我換上那捲歌舞劇的錄影帶，帶著那捲眞面目錄影帶離開。我下令燒掉了全部錄影帶，也將電腦中的記憶全部洗掉。

一切都在我的計畫之中，我早就知道，X計畫的最大受害人就是他自己。像他這種人，是不敢看他自己眞面目的。世界上能夠勇敢地面對自己眞面目的人，畢竟不多也。

八十三年三月三日聯副

週五的夢魘

所有認識張總經理的人都會佩服他的才能。他有一個特點：凡是他想學的他都會學得非常好。

舉例來說，在中學的時候他不僅功課非常好，連體育都非常好，如果他肯的話，他可以參加很多校隊，進了台大念電機系以後，他仍然是出人頭地，大多數同學應付考試都來不及，他卻有時間注意各種新技術的發展。難怪他在柏克萊念研究所的時候不僅指導教授喜歡他，矽谷很多公司也都喜歡他。他的指導教授號稱會滑雪，他三下兩下就滑得非常好。

在柏克萊拿到博士學位以後，總經理回國了。大多數有博士頭銜的人喜歡去大學教書，他卻進入工業界服務，從普通的工程師做起，一帆風順地做到了我們公司的總經理。

我們大家都佩服他，可是我們都全體一致地討厭他，因爲張總經理是完全沒有什麼同情心的人，對於任何能力差的人，他一概毫不保留地表示他的輕視。他自己太能幹，所以他很難理解爲何有人會表現得如此不理想。他常常告訴我，他認爲優勝劣敗是自然界的最高法

則。能力差的人絕對應該讓路，使能力高的人能夠掌握社會。

他本來很欣賞老王的，因爲他看過老王設計的電路，發現老王能力很強。可是他和老王見面以後，才發現老王是位殘障人士，走路必須用拐杖。張總經理走路非常快，老王根本趕不上他。他又從不肯自己放慢腳步，搞到最後，老王每次和他一齊走的時候，都會遙遙落後，最後只好換了一家公司做事。

小李是他的司機，替他開了六年半的車，他從來沒有和他談過一句閒話，即使兩小時的車程，他也不會和他談一句話。

老張是我認識的人之中最有自信的人，這也難怪他，他從小就不知道什麼叫做「失敗」，大多數高中生功課好的話，體育就奇差，體育好的傢伙卻大多只是四肢發達、頭腦簡單，只有老張，教室裡的考試他不怕，連操場裡的各種考試也都難不倒他。也就因爲如此，對於任何表現不好的人，他會打從心裡起有一種厭惡的心理，而且也常將這位倒楣鬼開除掉。

兩個月前，老張和我在他辦公室討論一件事，我的一位同學老陳敲門進來，老陳才能中等，可是做事十分認眞，因爲勤能補拙，他的表現還不錯，可憐的是，他前一陣子母親病重，老陳常要去照顧他的母親，有些事情當然做得不太好。老陳一進來就結結巴巴地向總經理承認自己在電路設計的工作上進度落後，都是因爲母親生病的原因。他母親已去世，他應

該可以彌補過去的時間，將進度趕上。

別人一聽到老陳的母親去世，都會稍微表示一點同情之意。老張卻不如此，他說任何人表現不好，就應該滾蛋，不論什麼理由，因為公司的工作進度落後，損失很大。他又說我們公司只需要會做事的人。對於老陳，他已通知人事室，今天是他工作的最後一天，請他去人事室辦離職手續。

老陳是一位非常老實的人，這個被開除的打擊對他當然很大，他有一分鐘的時間說不出一句話來，大概他也知道對張總經理這種人，懇求他開恩是做不到的，所以他就一言不發地離開了。

他走到門口的時候，忽然回過頭來問，「今天星期幾？」張總經理說「星期五」，老陳以很嚴肅的口氣說：「好吧，以後我每個星期五晚上都會來找你。」然後他就開門離開了。

我也不懂老陳的話什麼意思，可是我注意到我們的張總經理的臉上露出了一絲恐懼的表情。當時我很奇怪，他怕什麼呢？溫和的老陳一定是說說而已，有什麼怕的。

接下去的幾個星期，張總經理變了，他過去是位非常鎮靜的人，自從那天以後，他變得有些暴躁，而且常常顯得疲倦，開會時也心不在焉。尤其最怪的是，他在每個週五的下午表現得最為不安。

由於他幾個錯誤的決定，公司的業績受到很大的影響，消息傳出去，我們的股票大跌。

如此拖了兩個月，我們這些做下屬的人都替他擔心，也替公司擔心，已經有人要跳槽。也難怪，我們過去那位極有信心的總經理好像已經完全喪失自信心了。

又是一個週五的下午，總經理找我去。這次他又恢復了過去的表情，和我有談有笑，他給我看一瓶名貴的葡萄酒，也給我一隻極爲講究的水晶酒杯，是捷克造的。然後他和我談了一些好像極有哲理的話，大意是人應該有能力控制自己的命運，如果人無法自己掌握自己的命運，活了又有什麼意義？

我卻不敢同意他的這種看法，我說我們大多數人都無法控制自己的命運，走一步是一步。比方說，一般勞工階級的人，被老闆炒魷魚者多的很，難道他們都不該活下去不成。即使做到了總統，也可能下次選不上。我坦白地告訴他，社會上誰也無法完全掌握自己的命運。

他不理我，又跳到另一個話題，那就是優勝劣敗的問題，他說他仍然討厭看到智力、能力不好的人，他有一個非常可怕的想法，他認爲自動化的技術會使很多這種智力平庸的人失業。對他而言，這是很自然的事。

我對他的言論和看法感到十分厭惡。可是又不敢和他辯論，只好告辭。可是我有一種感覺：那就是我們的總經理又恢復了他的自信心，他似乎又能掌握他的命運了。

當天晚上十點左右，我忽然接到一家醫院打來的電話，這家醫院的公關主任用很輕的聲

音告訴我一個可怕的消息，我們的總經理自殺未遂，現在已脫離險境，因爲我是公司的副總經理，他們決定告訴我。

我趕到醫院，發現老張非常虛弱地躺在病床上，他的太太在旁邊，他看到了我，只說一切都好，公司的事全由我暫時看管。

醫院告訴我，他是由救護車送來的，有一位年輕人一直和他在一起，老張一直拉著這位年輕人的手不放。我這才發現，所謂年輕人，其實就是小李。我告訴醫生這位年輕人是我們總經理的司機，他說：「你們的總經理原來是位性情中人，他拉著司機的手，兩人好像感情很好的樣子。」

小李告訴我，那天總經理一直沒有下樓來，他覺得很奇怪，找了大樓的管理員，開了辦公室的門終於發現總經理伏在桌上，一隻手摸著電話機。他立刻召來救護車，陪著總經理去急救。令他大出意外的是總經理忽然拉住了他的手，即使在急救的時候，也拉他的手不放。一直到他太太趕到，他才放開。

我們將這個自殺的消息予以保密，否則股票又要大跌了。

總經理終於回來上班了，他變得非常和藹可親，雖然他仍很精明，但已不再罵人，而且也會盡量說人家的好話，公司的士氣大振，業績恢復正常，而且比以前更好。

過去總經理是不和大家吃飯的，現在他會和大家一起吃午飯，有時和同事一起到門口麵

店去吃擔仔麵。過去，他從不關懷同仁，現在，同仁有什麼煩惱，他會表示關心，而且我感覺到關心並不是假的。

可是我知道他自殺過，而且自殺前曾有過明顯的不安，他究竟怕什麼呢？

我想起了被他開除的老陳，莫非老陳眞的每週五都去嚇唬他。老陳在另一家電子公司做事，我打電話去問他有沒有做這種事。老陳呼天搶地地大呼冤枉，他說他第二天就找到了事，薪水也加了。根本就把總經理忘得一乾二淨，從來就沒有去找過他，當時他只是亂講的。

又過了一陣子，老陳忽然興奮得不得了，說有東西要給我看，我們約好在一家咖啡廳見面，他給我一封信，信是總經理寄給他的。全文如下：

陳兄：

我要在這裡謝謝你，因為你改變了我的一生。

打從高中起，我就發現我天賦很好，而且我也很討厭那些平庸的人，我的確相信優勝劣敗，物競天擇的道理。

可是我也一直非常害怕，因為我怕萬一我的天賦出了毛病，怎麼辦？比方說，萬一我出了車禍，得了腦震盪，記憶力和判斷力都衰退了，我豈不應該被淘汰出局？

雖然我有這種憂慮，卻一直不嚴重，只是偶爾會有這種想法而已。可是那天你說每個週

五都會來找我，我就每個週五晚上都會做噩夢。夢裡我變成了一個能力十分平庸的人。

舉例來說，我第一個夢是我又回到了高中時代，老師叫我們跳木馬，我卻不會跳，怎麼樣都跳不過去，丟臉之至。

第二個夢是我參加聯招，結果是幾乎一題也答不出來，急得一身冷汗，醒來以後也眞是渾身汗濕了。

問題是：每一個週五，我必定會做這種夢，夢裡我永遠是窩囊到極點，有一次夢到公司的產品完全設計錯了，被客戶大批退貨。

由於每個週五晚上都要被折磨一個晚上，我開始怕週五，整個星期，我眞的生活在恐懼之中。我知道我正慢慢失去控制我命運的能力。因此我決定自殺，因爲只有這樣，我可以證明我仍有控制命運的能力。

可是安眠藥使我昏沈下去的時候，不知何故，我腦子卻極爲清醒，我極想活下去。我忽然想通了，能力不好又有什麼關係，人只要活得快樂，既使沒有出人頭地，也不是很好嗎？我想起了我的司機小李，在我快死之前，我很想大聲地告訴他，我羨慕你，因爲你老是快快樂樂地，可是我已沒有力氣了，我的手碰到了電話機，但無法打電話。

當小李破門而入的時候，我高興極了，我設法拉住他的手，無非是要告訴他，我其實是個非常普通的人，我要人可憐我，我再也不敢講優勝劣敗了。

我現在活得快樂多了，我已完全沒有過去的那種恐懼，因爲我知道做個普通人乃是正常的事。即使我不如人家，我也不再太介意了。

這一切都該謝謝你，是你使我每週五都做噩夢，是你使我自殺，也虧得我做了這件傻事，我才發現我根本就是個普通的人。

張ＸＸ

我們兩人都啞然失笑，我們向來體育也不好，書也念不好，因此實在無法想像會有這種事。不會跳木馬，考試考不好，家常便飯也。沒有才能的人，是不會怕失去才能的。我們從不會羨慕那些能幹得不得了的人，他們其實都生活在恐懼之中。我們不過分強調優勝劣敗，所以對失敗沒有如此的害怕。

總經理現在和他的司機有談有笑，今天我看到他拖小李去吃臭豆腐。小李一臉苦相，顯然不喜歡吃臭豆腐，他一定後悔當年救了總經理一命。

八十三年三月三十日聯副

三個孩子的故事

不講話的孩子

第一次看到這個孩子的時候，是三十四年前了，當時我在大學念書，推了腳踏車正要上學，看到一位警察用繩子牽著一個小孩子在街上走，孩子大概不到十歲，沒有穿上衣，又瘦又黑，雙手被綁在身後，另外一條繩子將他五花大綁，繩子一端由警察拉住，將他像牽狗一樣地在街上牽了走，我還注意到他沒有穿鞋子。三十年前，汽車很少，警車也少，警察抓了犯人，常常只好在路上將犯人拉拉扯扯地帶去警局。這個孩子顯然犯了法，被警伯逮到，正在押送到警局去。

因爲犯人太小，路人忍不住要問，這是怎麼一回事？這位警察索性停了下來，向大家解釋。原來這孩子的媽媽去世，爸爸生了病，躺在床上，孩子一再出去偷東西養家，雖然只是

偷點吃的東西，可是被偷的店家忍無可忍；今天早上將他抓到以後，就不再放他。

我注意到這孩子的表情，別人在這種情況下，應該只會有兩種表情：一種是滿不在乎的叛逆表情，不然就是羞愧地抬不起頭來。而這孩子呢？我們可以說他是副茫然的表情，或者可以說是毫無表情，對我們這些路人，他一點也不逃避我們的目光，只是不斷地掙扎，顯然他被綁得太緊了。

我當時是監獄裡的義工，因此我不久就在看守所裡遇到了這孩子，他仍沒有上衣，赤著腳，在掃地。我找了一位熱心的管理員，提醒他這孩子似乎沒有上衣可穿，他立即去找了一件紅色的小孩襯衫給他穿上。他說這孩子安靜極了，從不講話。根據他的觀察，他被關到看守所以後，似乎沒有說任何一句話，可是非常服從，叫他做事，他也會乖乖的做，從不埋怨。他也說這孩子沒有什麼表情。這是我第二次看到這孩子。

第二次看到這孩子，是個大雨天，外面下大雨，裡面來了大批蒼蠅，正好有什麼大官來訪，這位孩子被管理員抓來在走廊裡拍地上的蒼蠅，可是他技術不太好，並沒有打到很多的蒼蠅。

我反正沒有什麼事做，就拿過他的蒼蠅拍，替他打。在我打了一陣以後，這個孩子忽然抱住了我，將他的頭伏在我的肩上，他仍然不說一句話，可是我感到他的淚水滴在我的肩膀上。

我蹲在那裡，不知如何是好，這個不說話的孩子，終於用他的肢體語言向大家述說他的心情，一個十歲的小孩子，被人五花大綁地遊街示衆，可以想像得到他心中有多少的悲苦。恐怕他這一輩子，只被人打罵，只被人追趕，從來沒有人關心過他。留在我肩上的淚水，顯然是感激的淚水。

有人來將他拉走，整個走廊裡鴉雀無聲。在看守所，我相信這種安靜是特別的情形。我趁大官來以前，趕快走了。

有好一陣子，我在學校裡變得沉默寡言。同學們都不知道我爲什麼變成了一位不說話的大孩子，同學們談出國計畫、談交女朋友、談舞會。我卻老是在想那位生病的老先生和他那位不和別人說話的兒子。

不肯吃飯的孩子

這個孩子傻傻的，孤兒院的修女告訴我他有點智能不足，不是很嚴重，他可以照顧自己。可是不會念書，在學校裡念的是啓智班。

我每次問他任何問題，他都回答「不知道」，眞把我氣得半死。

他腿部受傷了，修女把他送進了醫院，他的祖父是他的唯一親人，趕到醫院來陪他，因

爲修女不能二十四小時陪他。

他忽然不吃東西，因爲是外傷，沒有什麼理由不吃東西，怎麼樣哄他，每次他都只吃一兩口青菜，其他什麼都不碰，他的祖父看他不吃，就將他的食物吃得一乾二淨，兩天下來，他仍只吃些青菜，祖父急了，趕緊打電話將修女找來。

這位對他頗爲了解的修女也百思不得其解，她知道這孩子向來胃口奇佳，不吃東西必定有原因。可是究竟是什麼原因呢？

還是這位修女厲害，她猜這位孩子一定是怕他的祖父太窮，買不起東西吃，只好自己不吃，讓他的祖父吃個痛快。他祖父果眞吃了，這下他更加相信只有自己挨餓才能使祖父有東西吃。

修女去樓下買了兩個便當，一個給他的祖父，一個自己吃。他們一開始吃，這孩子立刻餓虎撲羊地將醫院送來的飯菜搶來大吃特吃，不僅吃完了醫院的伙食，還要修女去買一盒便當給他吃。

孩子同病房的病友們都鬆了一口氣，醫生護士都來看他吃飯，房裡幾乎要開一個慶祝會。

只能祈禱的孩子

第一次在兒童中心看到這個孩子，大概是四年前，孩子只有六歲左右，跳跳蹦蹦地。他自動告訴我，「我媽媽走得太早，爸爸要做工，無法照顧我，只好送我到這裡來」，我當時聽了很難過，因爲這位只有六歲的孩子居然用「我媽媽走得太早」這種詞句。

四年來，孩子越來越高。大約在聖誕節前幾天，我走進這所兒童中心的教堂，又看到了這個孩子，當時教堂裡空無一人，只有這個孩子跪在聖母像前祈禱。

我問他是怎麼一回事，他說：「我爸爸生病了，我是一個小孩，沒有能力替爸爸請好的醫生，只好祈求聖母保佑爸爸。」

在我離開教堂的時候，忍不住再回頭看一下，教堂裡聖母像前面有一些燃燒的蠟燭，孩子跪在聖母面前，抬著頭，燭光照在他的臉上，遠遠看去，極像一幅美麗的圖畫，也極適合用在聖誕卡上。

我當時就替孩子的爸爸高興，有幾個人能有如此孝順的孩子？

後記

第一個孩子很快就出獄了，他的爸爸，在一些善心的監獄管理人員湊足醫藥費以後，總算恢復了健康，以當時的經濟情況，這些薪水微薄的管理人員一定必須節衣縮食好幾個月，才湊足這筆錢。

幾位台大電機系的學生在這孩子出獄以後，志願替他補習功課，他也開始和他們說話。

關於第二個孩子，由於他在醫院裡老是不講話，醫院的一批專家終於給了他一紙證明，說他有某種程度的智障，使他拿到了一份殘障手冊。將來可以享受一些政府給殘障者的福利。智障的孩子如此的孝順，大家都沒有想到。

關於第三個孩子，他爸爸的病不嚴重，孩子知道他爸爸病好了以後，心情好了很多，我看到他的時候，又在跳跳蹦蹦了。

我自己從未在孩提時代受過什麼苦，可是我卻有機會碰到很多窮苦的孩子們，他們顯然渴望我們的關懷，任何我們給予他們的愛心，都像灑在乾旱田地上的雨水，絕對是他們渴望的，可是更重要的是，這些窮苦孩子們似乎比其他的孩子更有愛心、更有孝心。

八十三年四月十三日聯副

山谷裡的丁香花

我的家世世代代都住在這個小村莊裡，村莊坐落在山谷裡，山谷裡有一大片草原，草原邊緣長滿了丁香樹，春天裡，草原周圍開滿了淡紫色的丁香花，山谷裡也到處都飄浮著花香。

我們孩子們一有空，就在草原上玩，我們這些鄉下孩子，除了自己家和學校以外，幾乎大半時間都在這個草原上渡過的。

一年前，有人來告訴爸爸，說政府徵兵，他應該立刻入伍，爸爸只好吻別了我們全家人，下山去了。一開始還有信來，半年前，消息斷了，媽媽去打聽，得到的消息是爸爸在戰場上失蹤了。

我們附近的鄰居中的叔叔伯伯們，都去打仗了，村子裡只剩下一些老弱婦孺，我們這些男孩子們，除了在草原上玩以外，還要做一些田裡的粗活。

我去問老師，究竟爸爸去打誰？老師告訴我，他們是去打回教徒，我追問爲什麼要打回

教徒，老師似乎答不上來，他說的理由好像與歷史有關，顯然四百年前的一些怨怨恨恨，到今天又被舊事重提了。

有一天，有一個炮兵的部隊開進了村子，他們將大炮架在山谷裡的草原上，也架了很多的壕溝，造了掩體，他們的到來，使我們男孩子大為興奮，成天看這些兵士們操演，第一次演習放炮的時候，我們都在遠處大聲的歡呼。

我從未看過回教徒，只知道幾十年來，我們基督徒一直和他們和樂相處，為什麼忽然又要打起來了，我始終弄不清楚。

終於，我們開火了，炮兵們在一天清晨忽然向山下開砲，我們從熟睡中被吵醒，炮不僅吵醒了我們，也幾乎震破了我們的窗子，媽媽馬上將我們聚合在一起，躲在一張桌子下面。

兩天以後，對方反擊了，炮彈零零星星地落在村子各地，幾乎沒有損害到炮兵的基地。可是我們的好日子沒有了，一聽到炮聲，我們就要找一個地方躲一下。

有一個晚上，回教徒的炮彈非常精確地落在草原炮兵基地上，我們的炮兵還來不及回手，大炮就在一小時內幾乎完全被摧毀了。士兵失去了大炮，只好撤退，他們不僅沒有炮，連一輛車子也沒有，所有的人都要步行下山。

部隊長帶了一位傷兵到我的家，這位可憐的叔叔變成了盲人，腿也斷了。雖然他只有輕聲的呻吟，我們可以想像得到他有多大的痛苦。部隊顯然沒有什麼醫藥可以減少他的痛苦，

部隊長請媽媽照顧這位年輕人，他說戰爭一有轉機，他們就會回來帶他去就醫。他們用擔架抬他進入我們的房子，媽媽立刻答應收留他，也保證會讓他和我們一起生活，我們吃什麼，他也會吃什麼，不會虧待他的。

年輕人的夥伴們向他殷殷道別，臨走還給他一支手槍，他接過以後放在枕頭下面。

雖然部隊撤退了，我們都聽到炮聲，我們已很有經驗，大概知道放炮的地方有多遠，敵人離我們越來越近了。

媽媽問這位年輕人的姓名和他家的地址，因為媽媽想也許可以設法讓他家人知道他仍活著，他怎麼都不肯讓我們知道，他說反正失蹤的人多的是，就讓他家人以為他失蹤了算了。

媽媽聽了以後，偷偷地哭了一場，這位年輕人不知道我爸爸也已經失蹤了。

已是春天，草原上的丁香花開了。在屋子裡都可以聞到丁香花的香味。

有一天，天氣好得不得了，天特別地藍，年輕人問我們是不是外面天氣很好。我們說是的。他肯求我們抬他到草原上去，那天一聲炮都沒有，我們幾個小孩子七手八腳地將他抬了出去。他又問我們是不是丁香花開了。我們說是的。他要求我們將他放在一棵丁香樹的下面，也叫我們採一大把丁香花給他。

然後，他叫我們小孩子到草原上玩，只是不要靠近炮，因為仍有爆炸的可能。他說他要在丁香花下睡一下。

我和哥哥帶著我們家的牧羊犬在草原上追逐，忽然我們聽到一聲槍響，我們趕快跑回去，發現年輕人的槍掉在地上，我們採的花也散落了一地。

媽媽說我們該趕快將他埋葬起來，可是不可能找到棺材了。媽媽動員了很多人，挖了一個長方形的墓穴，媽媽用床單將年輕人包了起來，也準備了一床毯子，準備將他放進泥土以後，用毯子把他蓋好。她說這樣年輕人的嘴裡才不至於吃到泥土。

因爲都要靠我們這些小孩子挖洞，洞挖好已是黃昏。村裡的老神父到了，他請人將教堂的鐘打了起來。

自從戰爭爆發以來，這還是第一次教堂打鐘。

在我們要將擔架放下去的時候，一些回教徒的士兵出現了，他們悄悄地進入了村子，小心翼翼地前進。當他們看到我們不用棺材埋葬的時候，都露出訝異的表情，其中有一位是軍官的人問我們，「他是回教徒嗎？」

後來我才知道，回教徒不用棺材的，他們只是將屍體用布包起來埋掉，讓死去的人早日回歸自然。

我們告訴軍官，我們沒有棺材，只好如此，軍官低低地自言自語，「想不到死亡使我們都一樣了。」他叫他的部下脫下帽子，在旁邊觀禮。我們幾個男孩子負責塡土，因爲是小孩子，進度很慢，還是靠一些回教徒的士兵將土塡了回去。

這是兩週以前的事，年輕人的墓地由於春雨的滋潤而長滿了草。丁香花謝了以後，都會落在這塊新的草地上，我們沒有做任何的記號，只有我們知道，這裡埋葬了一個年輕人。

回教士兵走了以後，我們的小村莊不再聽到炮聲，我們小孩子上課、種田也恢復了在草原上互相盡情地追逐玩耍。可是，我相信，我們這些男孩子都有一種共同的想法：總有一天，有些大人要將我們送上戰場，我們都可能永遠不回來了。

可是我仍有一個小小的願望，我希望我們國家裡到處都種滿了丁香花的樹，如果我不能回來，我希望能被埋在丁香花樹下面。春天來的時候，讓淡紫色的丁香花灑在我的身上。

八十三年五月二十四日聯副

我愛烏秋

在所有的鳥類中，我現在最愛烏秋，一種貌不驚人的黑鳥，比麻雀要大，可是又比烏鴉小，全身漆黑，除了體形比烏鴉小以外，其餘都像烏鴉。

五年前吧，有一天我騎腳踏車去清華校園，走出車棚，忽然感到一隻鳥從我的後面飛過去，而且距離我的頭只有幾寸，這隻鳥飛到我前面的一棵樹上，先是用非常好聽的聲音叫了一陣子，然後又對我俯衝下來，這次我看得一清二楚，他俯衝的架式就像老式戰鬥機俯衝投彈一模一樣。他以我爲目標，到達我頭上以後，又拉起鳥頭，揚長而去。

我記得非常清楚，這隻烏秋攻擊我的日子大約在六月初，不久就是學生畢業了。大約有兩個星期左右，幾隻烏秋鳥專門在清華園的交通要道對行人俯衝攻擊，有一兩位甚至被鳥爪抓到，氣得半死。

我注意這些鳥從不攻擊女性，他們似乎最恨男孩子，尤其是小男孩，這些頑童一來，他們一定來攻擊。最奇怪的是，他們攻擊以前，一概先發出極爲可愛的叫聲。

有些男孩子甚爲不服，會在地上撿起石子還擊，我有一次被他惹火了，也曾還擊，路過

一群學生，看到我返老還童，用石頭打鳥，認為極為有趣，對我指指點點，我當時已是世界上最偉大的教授，為了保持大教授的尊嚴，只好忍氣吞聲，讓烏秋攻擊而不還手。

以後每年六月，烏秋就會對行人（多半是男人）展開攻擊，為什麼選這個時間，至今是個謎。有一次我陪一位大官參觀校園，這些大官道貌岸然，十分莊嚴，偏偏烏秋不識相，對準了他俯衝而來，大官一慌之下，蹲了下去。需知大人物是不可以如此失態的，雖然我們大家全體假裝沒有看見，他已是大丟其臉，我們以後再也不必太尊敬他了。

因此我每次陪大官出巡，都希望能遇到烏秋來攻擊，可惜這件事再也沒有發生過。大概烏秋也知道，如果得罪了大官，清華的經費會被斬，清華經費少了，清華園裡的烏秋恐怕也活不下去了。

到了靜宜以後，雖然看到各種鳥，就是沒有看到過烏秋。

前些日子，我在清華的百齡堂開會，發現一位男孩在拿石頭打烏秋，才又想到又是六月了。可愛的烏秋每年這時一定要攻擊男生，今年顯然仍不例外。在百齡堂可以聽到牠們可愛的攻擊前奏曲。

我走了出去，烏秋對我看了一眼，無動於衷。一位傻呼呼的男學生走過，烏秋立刻對他俯衝下去，我這下才想起，烏秋也不攻擊老人的。

八十三年七月十日聯副

副作用

作爲一位心理學教授，難免會有人要來找你，卻又不肯到醫院去看你的情形。這種人往往都是社會上的知名人士，他們心理上如有問題，當然不願意讓別人知道，這時，他們就會悄悄地來找我這種人了。

這次來的人是社會上家喻戶曉的工業家，當年從我們學校畢業的時候，就以有領導能力出了名，不到幾年，他的事業就扶搖直上。一般人對他的評價是他特別冷靜，從不慌亂，判斷力更是相當正確，他的成功，一直是坊間書籍津津樂道的對象。誰都羨慕他，中小學生都暗暗地希望能像他這樣，白手起家，建立一個龐大的工業王國。

這位名人進來的時候，卻流露出一種非常嚴重的焦慮心情，他直截了當地說：「我想自殺」。對我而言，這當然是想像不到的，這位被人人羨慕的社會知名人物，爲什麼如此沮喪呢？

他告訴我他之所以想自殺，是因爲他有一個毛病，他無法「愛人」。

我還第一次聽到這種怪病，這個年頭，大多數的人都會埋怨沒有人愛，感到社會的冷漠。自己承認無法愛人，一心在想自殺，這還是我第一次碰到。

於是他告訴我他的奇遇。

在他大學四年級的時候，他已是同學中企圖心非常強的一位，有一天，學校裡心理系的一位名教授把他叫去，問他肯不肯參與一個秘密的實驗。這位名教授可以給他一種他發明的藥，吃了藥以後，他的判斷力會更好，人也會更加冷靜，觀察力會相當敏銳，以他現在既有的學問，加上這些特別的能力，將來一定可以保證事業成功，在社會上扶搖直上。

他雖然對這種藥有興趣，可是他也知道任何藥都會有副作用的，所以他立刻問那位教授這種藥有沒有副作用，教授告訴他，他只要吃五顆就夠了，在生理上副作用幾乎沒有，可是這種藥卻有一種奇怪的副作用，吃了藥以後，就會喪失了愛人的能力。

我的病人對於無法愛人，不太在乎，他認爲這好像沒有什麼關係。他問教授會不會仍有被愛的能力，教授說他仍會感到別人對他的愛，只是不能愛人而已。

他覺得這種藥似乎值得一試，因爲他知道在社會上所有成功的人不僅因爲他們工作得非常努力，最重要的因素是他們的觀察力更特別敏銳，判斷力也特別正確。他當時一心一意要在社會上出人頭地，吃了藥以後，雖然不能愛人，反正仍能感到被愛，因此他答應了。

教授卻非常小心，一再問他對藥的副作用瞭解了沒有，他說他瞭解，而且也願意冒這個

險，於是教授給了他五顆藥，他照指示在五天內吃了這五顆藥。

藥性果眞很靈，他進入社會以後，大家都稱讚他的觀察力和判斷力，他的決定十有八九都是對的，難怪他的事業蒸蒸日上，誰也比不上他。

可是他終於發現藥的副作用非常可怕，因爲他變成了一個十分冷漠的人，他從不同情任何人，也對任何人都沒有什麼感情，即使他的母親去世，眼見他的弟弟哀痛欲絕，他卻什麼感覺都沒有，他的太太和孩子都知道他對他們毫無感情可言，他的部下更加感到他是世界上最冷漠的人。

他開始發現他失去了世界上最大的快樂，他的理智告訴他，付出比得到更有意義，他冷眼觀察社會上眞正快樂的人都是對別人充滿愛心的人，這些人事業都比不上他，可是只因爲他們能夠關懷別人，內心充滿平安的他們快樂多了。他雖然很希望也能如此，可一直做不到，大概藥性太強了。

他雖然號稱可以感到別人的愛，可是因爲他不愛人，也沒有什麼人愛他。最糟糕的是，給他藥的教授已去世了。他無法去問他要解藥，他知道我是這位名教授的親傳弟子，也已是大牌教授，所以他只好來找我，希望我替他弄到解藥。

我覺得這件事實在古怪之至，因爲我從未聽過這種藥，我本來想立刻拒絕他的，可是看他不斷地要求，只好答應他試試看。我利用電腦作了大規模的文獻搜尋，發現從未有人提過

這種藥，據我記憶所及，這位名教授也從未向我提起這一個秘密的實驗，我更沒有聽過人的愛心是可以受藥物控制的。

虧得我想起一件事，這位名教授去世以後，校方爲了對他表示尊重，曾經請他的遺孀捐出所有他的工作日誌，我因此請圖書館讓我進入保存他日誌的特別房間。我發現他的日誌是以日期排列的，我算一算那位病人在本校畢業的年份，一頁一頁地看，果然被我找到這個秘密實驗的詳細紀錄。

對我而言，這個實驗實在太有意義了，我看了紀錄以後，也做出了解藥。

病人來了，我告訴他我已弄清楚這是怎麼一回事，因此我已對症下藥，吃了我的藥以後，他可以立刻恢復人類愛人的本能，可是這種藥也有副作用，吃藥以後判斷力可能不像過去那樣正確，觀察力也可能不再敏銳。如果他的事業因此而走下坡，可不能怪我。

我的病人對他的事業毫不在乎，他只想能夠充滿愛人，享受愛人的樂趣。

我一再問他是否眞的要想無私地愛人，他一再回答他的確如此，因此我用一只小瓶子裝了這五顆藥給他，他謝謝我，匆匆地走了。

三個月以後，病人回來了，他這次變了一個人。他說他已經感受到關懷別人所帶來的心靈上的平安，他告訴我他發現他的一位下屬太太生了癌症，過去他對這種消息會完全無動於衷，這一次他主動地表示關心，雖然她仍去世了。可是他卻從頭到尾分擔大家的痛苦，也使

他對死亡有深一層的瞭解。

他的另一位下屬有一個兒子在唸國中，這位下屬收入不多，無法讓兒子請最好的家教，他主動表示願意幫這位國中生的忙，這位國中生的考試成績，果眞大爲進步，使他高興極了。

至於他的事業，他說他的事業似乎仍然不受影響。

我的病人謝了我以後，最後還是問了我一個最不願意回答的問題，究竟這是什麼藥？爲什麼從來沒有人談過藥物可以左右人的愛心？

我只好告訴他，我其實給了他維他命而已。

當年，那位名教授也是給了他維他命。他的工作日誌上寫得一淸二楚。人是有自由意志的。行善或行惡，都是人自己的事，你如立志做好人，就可以成爲好人，你如冷酷無情，實在不該怪別人，我的病人年輕時，就只想成功，即使不能愛人，也在所不惜。那位名教授只是成全了他的志願而已。這次他已下定決心要愛人，我也只是給了他心理上的維他命而已。

我們都知道希特勒做了很多壞事，可是沒有聽說他是在某一種藥物控制之下做的，我們更知道，既然在希特勒屠殺猶太人的時候，很多德國人犧牲自己的生命來拯救猶太人，這些人也從未在藥物的控制之下。

人只有自由意志的，我們也許不能控制自己的命運，可是只要下定決心，是可以控制自

己的行爲的，我們都應該爲我們的所作所爲負責。

病人輕鬆地謝謝我，他說他有一件禮物要給我，我打開了禮物，發現這是我給他的五顆維他命。換了一個更漂亮的瓶子裝，他顯然一顆也沒有吃。

我窘得不得了，聰明還被聰明誤，這次我被他騙了。

病人告訴我，這次他非常小心。他將藥帶到一位藥學系的教授那裡去，那位教授一眼就看出這是最廉價的維他命。

病人是個有智慧的人，他終於想通了，過去他是他自己企圖心的奴隸，如果他將自己從他的強烈企圖心解放出來，他一生會恢復自由的。

世界上很少人知道，人最大的快樂來自給予，而不來自得到。我的這位病人是個聰明人，他雖然很晚才悟到這個道理，可是他倒是覺悟得特別的徹底。

我看到他的漂亮積架汽車停在樓下，上次來時有一位司機開車，這次他自己開車了，大概他知道司機晚上要休息的。

八十三年七月二十八日聯副

我只有八歲

我是盧安達的一個小孩，我只有八歲。

我們盧安達不是個有錢的國家，可是我運氣很好，過去一直過得很愉快。爸爸是位小學老師，我就在這所小學唸書，放了學，我們小孩子都在家附近的田野玩。家附近有樹林，也有一條河。我大概五歲起就會游泳了，在我們這些小孩子中，我不僅游得最好，也跑得最快。

因爲是鄉下，我們附近有不少的動物，我最喜歡看的是老鷹，牠們飛的姿態眞夠優雅。可是我也很怕老鷹，因爲牠們常常俯衝下來抓小動物，有一次，有一隻小山貓被一隻大老鷹活活抓走。

有一次我問媽媽，「媽媽，大老鷹會不會把小孩抓走？」

媽媽說：「傻孩子，小孩子旁總有大人在旁邊的，老鷹不敢抓小孩，因爲牠們知道大人一定會保護小孩子的。」

我懂了，所以我永遠不敢離開家太遠，我怕老鷹把我抓走。

今年，我開始讀報了，看到報上名人的照片，我老是想，有一天我的照片能上報多好。我的親戚朋友們都說我是個漂亮小孩，也許有一天我會像邁可傑克遜一樣地有名，報上常常登我的照片。

三星期前，爸爸忽然告訴我們，我們的總統遇難了，他認爲事態嚴重。因爲有心政客可能乘機將事情越搞越糟。

有一天，爸爸在吃晚飯的時候，告訴我和媽媽國家隨時可能有內亂，萬一如此，我們要趕快逃離盧安達，到薩伊去。他叫媽媽準備一下要逃難時要帶的衣物。

就在那天晚上，一群不知道那兒來的士兵進入了我們的村子，我睡著了，什麼都不知道，第二天早上才知道村子裡所有的男人都被打死了，爸爸也不例外。

媽媽居然還有能力將爸爸埋葬了，當天下午我們開始流亡。現在回想起來，媽媽平時是一位很軟弱的人，這次忽然顯得非常剛強，惟一的理由是因爲她要將我送到安全地帶去。

媽媽在路上，一再地叮嚀我，有人非常恨我們，因此如果發現有壞人來了，可能來不及跑，可是我是小孩子，跑得飛快，一定要拚老命地逃走。媽媽也一再叫我找一棵樹，或者一塊大石頭，以便躲起來，讓壞人看不到。

就在逃亡的第二天，壞人來了，媽媽叫我趕快逃，她自己反而不走，我找到了一棵大

樹，躲在樹後面，可是我看到了那些壞人殺人的整個過程。媽媽當然也死了，這批士兵沒有留一個人，不像上次，上次他們只殺男人，這次沒有一個人能逃過。士兵走了以後，我才回去看我的媽媽。看到媽媽死了，我大哭了起來，因爲天快暗了，我怎麼辦？我只有八歲！

虧得還有一個大哥哥也活著，我猜他大概有十幾歲，是個又高又壯的年輕人，剛才他一定也躲了起來，他看我好可憐，來拉我走，他說我們一定要趕快走，找到另一個逃亡的團體，人不能落了單。

我和這位大哥哥相依爲命，也找到了一批逃亡的人，好幾次有救濟團體給我們東西吃，雖然很少，可是都虧得這位大哥哥，替我弄到食物吃，如果不是他的話，我早就餓死了，因爲小孩子是很難拿到食物的。

由於我們都大半處於飢餓狀態，我們都越來越瘦，這位大哥哥也不是壯漢了。有一天，他說他要去一條河邊喝水，我告訴他最好忍一下，因爲河裡都有過死屍，他說他渴得吃不消，一定要去冒一下險。

當天大哥哥就大吐特吐起來，而且虛弱得走不動了。他要休息，然後勸我不要管他，和其他大人一起繼續得逃亡。這次我堅決不肯，決定陪他，他到後來連跟我吵的力氣都沒有了。我偷偷地摸了他的額頭，發現他額頭好燙。

大哥哥昏睡以後，我也睡著了。等我醒過來，我知道他已永遠的離開我了。

我和大哥哥說了再見以後，走回了大路，不知道什麼原因，我從此沒有看到流亡的難民，我只有一片麵包，二天內，我只吃了這一片麵包，我已越來越走不動了。

就在這時候，我發現一頭大老鷹在跟著我，它原來在天上飛，後來發現我越走越慢，索性飛到了地面，我走牠也走，我停牠也停。

雖然沒有見到任何逃亡潮，卻看到了一部吉普車開過來，我高興極了，以爲他們會救我一命，可是吉普車沒有停，我心裡難過到了極點。

吉普車開過去以後，忽然停了下來，車上有人走下來，我的希望又來了。可是那位先生並沒有來救我，他拿起一架配有望遠鏡頭的照像機對著我拍照，當時那位大老鷹站在我附近。照完以後，吉普車又走了。

我這才想起這位先生一定是一位記者，他要趕回去，使全世界的報紙都會登到這一照片，老鷹在等著小孩過世。

明天早上，你們在吃豐盛早飯的時候，就會在報紙上看到我的照片，我不是很希望能上報嗎？這次果眞如了願。

你們看到的是一個瘦得皮包骨的小孩，已經不能動了。可是我過去曾是個快樂、漂亮而又強壯的小男孩，我曾經也有父母親隨時陪在我的身旁，使老鷹不敢接近我。我曾經全身充

滿了精力，每天在河裡游泳。
現在，我只有一個願望，在老鷹來啄我的時候，我已不會感到痛。

八十三年八月五日聯副

鑰匙

我服務的公司常常會爲了表示熱心公益而捐錢給慈善機構，雖然捐得不多，可是老闆卻總要派人先去看一下這些慈善機構，這次老闆在考慮要不要捐錢給一個老人院，我是這個公司的總經理，就被派去參觀一下。

老人院在鄉下，一看就知道辦得很好，裡面的老人全是窮人，沒有親人照顧，當然也不交任何費用。老人院的支出全靠社會熱心人士的捐款，也有很多的義工來幫忙。

就在我四處張望的時候，一位在替老人餵食的中年人忽然叫我，「李家同」，我覺得他有點面善，可是怎麼樣也想不起來他是誰。這位中年人看到我的迷惘表情，索性自我介紹了，「你一定不認得我了，我是梅乾菜小姜。」

這一下我記起來了，小姜是我大學的同學，一位成天快快樂樂的小子。他好吃，而且特別喜歡梅乾菜扣肉，我們因此給他取了一個綽號「梅乾菜小姜」，他對這個綽號絲毫不在乎，覺得這個綽號很有趣。

小姜是一個普普通通的人，也沒有什麼驚心的言論。唯一和大家不同的是他很喜歡替窮人服務，他三年級以後就住校外。有一次，他突然在他住的地方收容了一位流浪漢，本來是小姜跑到流浪漢睡覺的地方去照顧他，後來這位流浪漢生病了，小姜就將他帶到自己住的地方去，每天給他東西吃，可是病情越來越重，小姜慌了起來，我們幾個人終於找到一家醫院願意收容他，但最後也在醫院裡去世。

小姜要替窮人服務，當然因爲他的宗教信仰，奇怪的是他從不傳教，至少從來沒有向我們傳過教，可是我們都知道他信的是什麼教。

小姜念過研究所，當完兵以後，在一家電子公司做事，三年以後，他失蹤了，誰也弄不清楚他到那裡去了，我知道他曾去過印度。這一失蹤，有十幾年之久。

小姜目前衣著非常地破舊，沒有襪子，一雙便宜的涼鞋。他看到我，高興得不得了，可是他一定要我等他工作完畢以後才能和我聊天。

等所有的老人吃過以後，小姜也吃飯了。我注意到他吃的是老人吃剩的飯和菜，心中正在納悶，老人院的負責人過來向我解釋：「李先生，姜修士參加的修會很特別，他們好像只吃別人剩下的菜飯，姜修士飯量很大，而且我們感到他很好吃，一再給他準備好的飯菜，他都拒絕，只有除夕在吃年夜飯的那一頓，他才會和我們大家一起吃，看到他一年一次的大吃大喝，平時只肯吃剩菜，我們都難過得不得了，可是一點辦法也沒有。」我想起小姜過去好

吃的樣子，簡直不能相信這個吃剩飯菜的就是小姜。

小姜終於可以離開了，我們久別重逢，本來應該去找一家咖啡館去聊天；可是我注意到小姜一副窮人的樣子，實在不知道該到那裡才好。我說小姜像個窮人，不僅僅是說他穿得很普通，很多大學生不也是穿得破破爛爛嗎?奇怪的是，小姜變得黑黑壯壯的，說老實話，有點像在街上做粗活的，這副模樣我們該到那家咖啡館去?

小姜看到我的窘態，立刻想出一個辦法，我們到他住的地方去吹牛。

小姜住在台北市，相當破的地方，我注意到他沒有用鑰匙就打開了門，顯然他的門沒有上鎖。小姜告訴我，他的修會有一個規矩，男修士住的地方必定不可加鎖，以保證這些修士一貧如洗。我一看小姜的住處，嚇了一跳，可以算得上現代化器具的只有一具小型的收音機和一個小型的瓦斯爐，一個燈泡從屋頂上吊下來，電視機、電風扇、電冰箱、桌子和椅子都沒有。地上有被子和枕頭，看來小姜不會被凍壞。衛浴設備更是簡單得無以復加。

房間裡有一些祈禱的書，都放在地上。

小姜告訴我從來不會有人進來偷東西，可是仍有人會送些東西來，比方說今天就有人送他一包吃的。我打開一看是做三明治切下來的麵包皮，他們這種修士是不能吃整片麵包的，可是麵包店每天要切下大批麵包皮做三明治，小姜和他們約法三章，專門吃這些麵包皮。十幾年來，小姜沒有吃過任何一片整片的麵包。

我問他為什麼要如此刻苦？小姜說他過去常去服務窮人，總覺得和他們格格不入，有一種由上而下的感覺。虧得在印度，發現了這個修會，他們不僅要服務窮人，也要使自己變成了窮人，自從他參加了這個修會以後，他的服務工作順利多了。他說他過去替窮苦的老人洗澡的時候，常覺得不自然，現在已經完全沒有這種感覺了。

我忍不住問他會不會很想吃梅乾菜扣肉？他說他豈只常想而已，他還常常夢到有梅乾菜扣肉吃，醒來慚愧不止。可是也因為如此，他的「刻苦」才有意義，如果七情六慾都沒有了，這都不是犧牲了。他還說了一些我聽不懂的道理，好像是說他在替世界上所有人類犯的罪做補贖。人類越有人做壞事，他就越要做些刻苦。說實話，我不太懂這是怎麼一回事，可是我瞭解他的一切作法是根據他的宗教，他一定相信人類的壞事加起來以後會被他的犧牲所抵銷掉。

小姜告訴我他曾經去山地住過整整一年，這也就是他皮膚變黑而且體格變壯的緣故，這一年下來，他的樣子很像窮人了，可是他很坦白地告訴我，他畢竟不是生下來就是窮人，因此有時候有些有錢人的想法，比方說，每次走過網球場，就想進去痛痛快快打一場網球，可是他沒有襪子，沒有球鞋，更沒有球拍。而且由於他一再告訴自己是個窮人，因此一直沒有打過網球。

小姜還告訴我一件事，他在這十幾年內，事實上曾吃到兩塊梅乾菜扣肉，他當場吃了三

大碗飯，也永遠忘不了吃梅乾菜扣肉的年月日。

我發現小姜仍是小姜，一點也沒有變，仍是個嘻嘻哈哈快快樂樂的小子。他告訴我，他不敢和老朋友聯絡，怕大家可憐他，可是每晚必定爲我們祈禱，他也問了我的情形，發現我的事業不錯，衷心地替我高興。自始至終，小姜沒有任何一種自以爲特別的表情，更沒有一點暗示我庸俗的意思。

我和小姜殷殷道別，他要趕去替流浪漢服務，我識相地不用我的豪華轎車送他，畢竟他已非常不習慣乘坐私人汽車了。

我要找汽車的鑰匙，偏偏拿出了一大堆別的鑰匙。到最後才拿出車子的鑰匙，小姜站在旁邊看到我一串一串的鑰匙拿出來，覺得好有趣，他拍了一下我的肩膀，「小李，搞什麼名堂，怎麼會有這麼多的鑰匙？」

小姜走了以後，我站在街上發呆。我的確擁有好多的鑰匙，這些鑰匙都代表我的社會地位。比方說，我的車鑰匙鍍了一種特別的金屬，上面還刻了我的名字，我打高爾球的俱樂部裡，特別給我一把鑰匙，表示我是他們的特級會員，可以使用他們的貴賓室。我做了總經理以後，又拿到了一把總經理專用洗手間的鑰匙。我知道美國有些大亨還有自己的電梯，可惜台灣不興這一套，否則我又可以多一把鑰匙。

小姜呢？他一把鑰匙也沒有，可是如果今夜他出了車禍，天使一定會從天降下，將一把

開啓天國之門的鑰匙給他。

我擁有這麼多足以讓我炫耀自己社會地位的鑰匙，可就缺了這最重要的一把。

八十三年九月十八日聯副

屋頂

我這一輩子，只有一個願望，走進一間有屋頂的房間，睡在一張有床單的床上。

爲甚麼我要有這種願望呢？因爲我是印度加爾各答的一個小乞丐，我生下來不久，爸爸就去世了，我和媽媽相依爲命，我們都是乞丐，住在一條小街上，爸爸去世以前，在街上弄到一塊木板，爸爸在木板上加了一塊塑膠布，木板斜靠在牆上，晚上我們兩人擠進去睡覺。下大雨的時候，我們總仍然會被淋溼。可是我們已經是幸運的了，有的小孩子更可憐，他們沒有木板可以擋掉一部分的風雨，每天晚上完全露宿街頭，一下雨，就要四處找一個地方躲雨，弄得不好，還會被人趕。

媽媽告訴我，爸媽過去也有屋子住的，爸爸是個農人，可是接二連三的壞收成，爸爸先是失去了牛，然後失去了那一塊地，最後將唯一的小屋子也賣掉，換成了錢步行到加爾各答來，不久我哥哥和姊姊陸續死去。爸爸做各種苦工，我生下以後，爸爸病死，媽媽只好求乞爲生，我長大了以後也學會了求乞。

我運氣很好，可以在歐貝利爾大旅館前面求乞，這是加爾各答最大的旅館，門口的人行道極寬，上面有頂，沿街有極粗的白色柱子，整個旅館當然也是白色的，漂亮極了。雖然旅館客人喜歡坐汽車進出，還是有不少旅客會出來走走，因爲沿街有些賣書報的攤子，他們來買報紙，我就趁機上前去求乞，我發現東方面孔的旅客特別慷慨，我們乞丐一天通常可以要到十個盧比（五角美金），有一次一位東方的旅客給了我五十塊盧比。

可是媽媽也離我去了。三個月前，她病了，越病越嚴重，我用我們所有的錢設法買些好的食物給她吃，也沒有用。最後她告訴我，德蕾莎修女創立了一個垂死之家，她如果能被人送到那裡去，會有人照顧她，也可能會好，如果病好了，她會回來找我。

她要我扶著她在夜晚走到大街去，然後躺下，我偷偷躲在一棵樹後面，果眞看到有人發現了媽媽，也發現她病重，立刻攔下了一部計程車，一開始計程車司機好像不肯載媽媽，看她太髒了吧，說了一堆好話以後，它終於肯去「加里加神廟」，這是德蕾莎修女辦的垂死之家。

可是媽媽從來沒有回來，我知道她一定已經去世了。惟一使我感到安慰的是她去世以前一定有修女們照顧她。

我呢？我感到孤獨極了，除了說「我沒有爸爸，我沒有媽媽，可憐可憐我吧！」這句話之外，我什麼話都沒有機會說。每天晚上買了一團飯吃，賣飯的人也懶得和我說話。

就因爲我感到孤獨，我和我附近的一隻小老鼠變成了好朋友，我每天準備一些飯粒餵它，它會來咬我的手，我會索性將它抓起來放在手上親親它，晚上它甚至會和我睡在一起。

忽然，街上來了一大批人，向四週噴藥，那天晚上，小老鼠就不出現了，它到那裡去了？我無從知道，也很難過。它是惟一的朋友，可是他又不見了。

第二天，我知道我病了，白天我該到旅館去求乞的，可是我難過得吃不消，中午就回來睡著了。而且我還吐了一次。

下午，來了一些帶口罩的人，他們將我抬上了一輛車子，車子裡大多數好像都是病重的乞丐，我雖然生病，可是因爲第一次坐汽車，興奮得不得了，一直對著窗外看，我發現我們已離開了加爾各答，到了鄉下，我想起媽媽告訴我爸媽過去住在鄉下，眞可惜，我們當年如果留著那塊地就好了。

我們被送進了一間大房子，有人來替每一位抽了血，有幾位立刻被送走了，大多數都留了下來，我有生第一次有人來替我洗澡、剪指甲、洗頭髮，感到好舒服，可是我被強迫帶上口罩。

最令我高興的是我終於走進了有屋頂的房子，睡在一張床上，而且也有人送飯給我吃，可惜我病了，不然這豈不是太好了。

令我不懂的是爲什麼他們對我這樣好，也不懂爲什麼他們不讓我們離開房間，有一次我

感到體力還可以，乘門口警衛不在，偷偷溜到走廊上去看屋外的院子，立刻被警衛抓了回來，幾乎要打我，我更不懂的是他們爲什麼人人都帶口罩、帶手套，也從不和我們講一句話，我是個小乞丐，沒有問人的習慣，何況我又病了，也沒有力氣問。

晚上，外面風大雨大，我睡在床上，雖然身體因病而很不舒服，卻有一種無比幸福的感覺，我知道風雨這次淋不到我了。

可是我的病越來越重，我不是惟一病重的一位，隔壁的一位已經去世了，有人將他用白布包起來，抬了出去。他們輕手輕腳地做事，就怕打擾了我們。

每次醫生來看我的病情，都搖搖頭，我知道我睡去以後，有可能不再醒來。

一位修女來了，她來到我們床前，握住我們的手，我注意到她沒有帶手套，只帶了口罩，她握我的手時，眼睛裡都是眼淚，她爲什麼要哭呢？難道她不知道我已不想再離開這裡了。如果我離開，我要回去做乞丐，而且要做一輩子的乞丐，我沒有一個親人，沒有一個朋友，從來沒有人握過我的手，從來沒有人關懷過我，我爲什麼要回去過這種生活？

其實，我現在已經心滿意足了，我惟一的願望就是能進入一間有屋頂的房子，睡在一張床上，現在我的願望已經達成了，我眞該感激這些好心的醫生和護士，我當然有一點好奇，爲什麼過去窮人生病都沒有人理，這一次不同了，像我就受到這種舒服的待遇。

我感到非常的虛弱，在我清醒的時候，我要祈禱，希望爸爸、媽媽、哥哥、姊姊、好心

的醫生、護士和修女們，都能夠在來世過得好一些，不要像我這樣一生下來就是叫化子。

不要替我難過，雖然我可能再也不會醒了，可是我現在頭上有屋頂，身下有一張軟軟的床，今天下午有人用不戴手套的手握住了我的手，我還能不滿意嗎？

八十三年十月二十三日聯副

讓高牆倒下吧

——訪問德蕾莎修女的感想

㈠走出高牆

五十年前，一群來自歐洲的天主教修女們住在印度的加爾各答，她們住在一所宏偉的修道院內，雖然生活很有規律，可是一般說來，她們的生活是相當安定而且舒適的，修道院建築以外還有整理得非常漂亮的花園，花園裡的草地更是綠草如茵。

整個修道院四面都有高牆，修女們是不能隨意走出高牆的，有時爲了看病，才會出去。可是她們都會乘汽車去，而且也會立刻回來。

高牆內，生活舒適而安定，圍牆外，卻是完全一個不同的世界。二次世界大戰爆發，糧食運輸因爲軍隊的運輸而受了極大的影響，物價大漲，大批農人本來就沒有多少儲蓄，現在

這些儲蓄因爲通貨膨脹而化爲烏有，因此加爾各答城裡湧入了成千上萬的窮人，據說大約有二百萬人因此而餓死。沒有餓死的人也只有住在街上，一直到今天，我們都可以看到這些住在街上的人。過著非常悲慘的生活。舉個例來說，我曾在加爾各答的街道上，親眼看到一個小孩子，用一只杯子在陰溝裡盛水洗臉，漱口，最後索性盛了一大杯，痛痛快快地將水喝了下去。

就在我旅館門口，兩個小男孩每天晚上會躺下睡覺，他們合蓋一塊布，哥哥最多只有三歲大，弟弟恐怕只有三歲不到，兩人永遠佔據同一個地方，也永遠幾乎相擁在一起，他們十一點準時睡覺，早上六時以後就不見蹤影了。

這些孩子，很多終其一生沒有能夠走進任何一個房子，也可能終身沒有嚐過自來水的滋味。

住在修道院的修女們知道外面的悲慘世界嗎？這永遠是個謎，可是對這些來自歐洲的修女們，印度是一個落後的國家，這種悲慘情景不算什麼特別，她們的任務只是辦好一所貴族化的女子學校，教好一批有錢家庭的子女們。

德蕾莎修女就住在這座高牆之內，她出身於一個有好教養的南斯拉夫家庭，從小受到天主教的教育，十八歲進了這所修道院，成爲一位修女，雖然她已來到了印度，她的生活仍然很歐洲式的。

可是有一次到大吉嶺隱休的途中，德蕾莎修女感到天主給她一道命令，她應該爲世上最窮的人服務。

一九四八年，德蕾莎修女離開了她住了二十多年的修道院，她脫下了那套厚重的黑色歐洲式修女道袍，換上了一件像印度農婦穿的白色衣服，這套衣服有藍色的邊，德蕾莎修女從此要走出高牆，走入一個貧窮、髒亂的悲慘世界。

高牆到今天都仍存在，可是對德蕾莎修女而言，高牆消失了，她從此不再過舒適而安定的生活，她要每天看到有人赤身裸體的躺在街上，也不能忽視很多人躺在路上奄奄一息，即將去世。她更不能假裝看不到有人的膀子被老鼠咬掉了一大片。下身也幾乎完全被蟲吃掉。

德蕾莎修女一個人走出去的，她要直接替最窮的人服務，即使對天主教會而言，這仍是怪事，很多神父認爲她大錯特錯，可是她的信仰一直支持著她，使她在遭遇多少挫折之後仍不氣餒。

到今天，四十六年以後，德蕾莎修女已是家喻戶曉的人物。今年十一月十六日，她將來靜宜大學接受榮譽博士學位，爲了增加對她的瞭解，我決定親自到加爾各答看她。

㈡我們了解的德蕾莎修女

德蕾莎修女究竟是一個什麼樣的人？

她的第一個特徵是絕對的貧窮，她不僅爲最窮的人服務而已，她還要求自己也成爲窮人，她只有三套衣服，她不穿襪子，只穿涼鞋，她的住處除了電燈以外，唯一的電氣用具是電話，這還是最近才裝的。電腦等一概沒有。

她也沒有秘書替她安排時間，沒有秘書替她回信，信都由她親筆回，在我去訪問她以前，中山大學的楊昌彪教授說她一定會有一群公關人員，替她做宣傳，否則她如何會如此有名？而且怎麼會有這麼多人跟隨她，我覺得這好像有些道理，我想如果她有這麼一位公關人員，我可以向她要一套介紹德蕾莎修女的錄影帶，可是我錯了，她沒有任何公關人員，更沒有任何宣傳品。

在天主教各個修會人數往下降的時候，她的修會卻一直蓬勃發展，現在已有七千多位修女和修士們參加了這個仁愛修會。修士修女們宣誓終其一生要全心全意地爲「最窮」的人（poorest of the poor）服務。

至於她的思想呢？

德蕾莎修女常常強調耶穌在十字架上臨死的一句話「我渴」，對德蕾莎修女而言，耶穌當時代表了古往今來全人類中所有受苦受難的人。所謂渴不僅是生理上的需要水喝，而且也代表在受苦受難時最需要的是來自人類的愛，來自人類的關懷。

德蕾莎修女成立了一百多個替窮人服務的處所，每個處所都有耶穌被釘在十字架上的苦像，而在十字架旁邊，都有「我渴」這兩個字。她要提醒大家，任何一個人在痛苦中，我們就應在他的身上看到基督的影子，任何替這位不幸的人所做的，都是替基督所做的。

德蕾莎的默想禱文這樣說的：

一顆純潔的心，很容易看到基督
在飢餓的人中
在赤身露體的人中
在無家可歸的人中
在寂寞的人中
在沒有人要的人中
在沒有人愛的人中
在痲瘋病病人當中

在酗酒的人中

在躺在街上的乞丐中

窮人餓了，不僅只希望有一塊麵包而已，更希望有人愛他

窮人赤身露體，不僅希望有人給他一塊布，更希望有人能給他人應有的尊嚴。

窮人無家可歸，不僅希望有一間小屋可以棲身，而且也希望再也沒有人遺棄他，忘了他，對他漠不關心。

德蕾莎修女不只是一位社會工作者而已，爲了要服務最窮的人，她的修士修女們都要變成窮人，修士們連手錶都不准戴，只有如此，被修士修女們服務的窮人才會感到有一些尊嚴。

只有親眼看到，才可以體會到這種替窮人服務的精神，他們不只是在「服務」窮人，他們幾乎是在「侍奉」窮人。

德蕾莎修女說她知道她不能解決人類中的貧困問題。這個問題，必須留給政治家、科學家、和經濟學家慢慢地解決，可是她等不了，她知道世界上太多人過著毫無尊嚴的非人生活，她必須先照顧她們。

因爲修士修女們過著窮人的生活，德蕾莎修女不需大量的金錢，她從不募款，以她的聲望，只要她肯辦一次慈善晚宴，全世界的大公司都會捐錢，可是她永遠不肯。她不願做這類的事情，以確保她的修士修女們的純潔。她們沒有公關單位，顯然也是這個原因。

事實上德蕾莎修女最喜歡的不僅僅是有人捐錢給她，她更希望有人肯來做義工。

在德蕾莎修女的默想文中，有一句話是我一直不能瞭解的：

一顆純潔的心會

自由地給予

自由地愛

直到它受到創傷

說實話，我一直不懂，何謂「心靈受傷」。這次去見了德蕾莎修女的工作場所，參加了修士修女們的工作，才眞正了解所謂「心靈受傷」和愛的關係。

㈢和德蕾莎修女的五分鐘會面

要見德蕾莎修女，只有一個辦法，那就是早上去望六點鐘的彌撒，我和她約好九月四日

早上九點見面。五點五十分，我就到了，修女們都已到齊，大家席地而坐，這好像是她的命令，教堂裡沒有跪凳，一方面是省錢，二方面大概是徹底的印度化。除了修女以外，幾十個外國人也在場，後來我才知道這些全是修女的義工，來自全世界。

我到處找，總算找到這個名聞世界的修女，她在最後一排的小角落裡，這個精神領袖一點架子都沒有，靜靜地站在修女們的最後一排。

彌撒完了，一大堆的人要見她，我這才發現，德蕾莎修女沒有會客室，她就赤著腳站在教堂外的走廊上和每一位要和她見面的人談話，這些人沒有一位要求和她合影，雖然每人只談了幾分鐘，輪到我，已經半小時去掉，在我後面，還有二十幾位在等。

她居然記得她要去靜宜接受榮譽博士學位，雖然她親口在電話中和我敲定十一月十六日，雖然我寄了三封信給她，告訴她日期已經敲定，可是她仍然忘了是那一天，所以我面交了最後一封信，信上再說明是十一月十六日。然後我們又討價還價地講她究竟能在台灣待幾天，她最後同意四天。

我問她有沒有拍任何錄影帶描寫她們的工作，她說沒有，我問她有沒有什麼書介紹她的工作，她也說沒有，可是她說附近有一座大教堂，也許我可以在那裡找到這種書。我沒有問她有沒有公關主任，答案已經很明顯了。

我想做的事情都沒有做到，因爲我給了她一張支票，她要簽收據，折騰了幾分鐘，後面

還有二十幾個人，我只好結束了會面，我後面的一位只說了一句話「我從倫敦來的」，一面給她一些現款，一面跪下來親吻修女的腳，她非常不好意思，可是也沒有拒絕。我這才發現，她的腳已因爲風濕而變了形。

㈣垂死之家的經驗

我在加爾各答可以有三天的自由活動，因此決定去修女創辦的垂死之家做義工。

垂死之家，是德蕾莎修女創立的，有次她看到一位流浪漢坐在一棵樹下，已快去世了，她在火車上，無法下來看他，等她再坐火車回來，發現他已去世了。當時她有一個想法，如果有人在他臨走以前和他談談，一定可以使他比較平安地死去。

還有一次，德蕾莎修女在街上發現了一位老婦人，她的身體到處都被老鼠和蟲所咬壞，她將她帶到好幾家醫院，雖然有一家醫院終於接受了她，她在幾小時內就去世。

德蕾莎因此創立了垂死之家，在這裡的人，必須要病危而且要無家可歸的流浪者。

加爾各答滿街都是無家可歸的人，晚上出去必須小心走路，不然一定會碰到睡在地上的人。有一位義工告訴我，有一位愛爾蘭女士，每天在街上走來走去，如果看到有病重的人，就會送到垂死之家去，她也會常常發現痲瘋病人。德蕾莎修女和一家救護車行，有一種共

識，他們會替她服務。會將這種病人送到修女的痲瘋病院去。

在垂死之家，病人有人照顧，即使最後去世，在去世以前，至少感到了人間的溫暖，因為修士修女們都非常地和善，他們盡量地握病人的手，如果病人情形嚴重，一定有人握住他的手，以便讓他感到人類對他的關懷愛他。

雖然德蕾莎修女是天主教修女，她絕對尊重別人的宗教，每一位病人去世以後，都會照他的宗教信仰火葬。

九月四日，垂死之家的義工奇多，可是每個人都忙得不亦樂乎，我第一件工作是洗衣服，洗了一個小時，我溜到樓上去曬衣服，這才發現他們連夾衣服的夾子都沒有。正好碰到大風，只好每件衣服都打個結。

曬衣服回來，忽然有人叫我：「修士，有人去世，你要來幫忙抬遺體」我不是修士，可是也不敢否認，因此我就去抬了，抬入一間暫停的停屍間。我沒有看到她什麼樣子，只感到她的遺體輕得出奇。

快十一點了，一位神父來做彌撒，經文用英文，可是所有的聖歌都是用印度文的，極像佛教僧侶的吟唱，只是更有活力，調子也快得多，除了風琴之外，還有一位男修士在打鼓，這些男修士唱歌的時候，活像美國黑人唱靈歌一樣地陶醉，很多修女在彌撒時繼續工作，只有領聖時候才前去領聖體。彌撒完了，我們要分送飯，我發現病人們吃的還不錯，是咖哩肉

飯。在這以前，我注意到一個青年的病人，頂多十五歲，他曾經叫我替他弄一杯牛奶喝，我也一匙一匙地餵他，現在他又要我餵他吃。一位修女說我慣壞了他，因爲他一向都是自己吃的。修女說顯然他很喜歡我。吃完了飯，他還要拉著我的手不放。

快到十二點的時候，一個傢伙來找我，「修士，那位病人要上廁所」，我這才知道，這位年輕病人已弱得不能走路，我扶著他慢慢走去，發現他好矮。他上廁所的時候完全要我扶著，這裡是沒有馬桶的。

義工那裡來的？做什麼事？絕大多數的義工來自歐洲，也有來自日本和新加坡的，我沒有碰到來自美國的義工，也只見到一位印度義工，而且是從歐洲回來的。其他一半義工大概是在學的學生，暑假全泡在這裡了，另一半大都是已就業的人士。令我感到吃驚的是很多醫生來了，我就碰到六位，都來自歐洲。還有一位是義大利的銀行家，雖然他不講，也看得出來，他每年必來，一來起碼兩個星期。年輕的義工常常在此工作三個月之久。

義工無貧賤，過去美國加州州長在此服務過一個月，修女們假裝不認識他，他的工作也和大家一樣。

第二天，我發現我的工作更多了，第一件是洗碗，用的清潔劑是石灰，看起來好髒，病人的碗都是不銹鋼的，不怕這種粗燥的石灰。不過水很快就變成黑水。第二件工作是替洗好澡的病人穿衣服，我這才發現病人有多瘦，瘦得像從納粹集中營裡放出來的，似乎一點肉都

沒有了。

在任何時刻，病人都會要水喝，我們義工不停地給他們水喝，有時也要給他們沖牛奶，有一位病人最爲麻煩，他一開始認爲我不該給他冷牛奶，我只好去找熱水。廚房的廚娘不是修女，兇得要命，用印度話把我臭罵，我不懂我做錯了什麼，只好求救於一位修女。後來才知道，我不該將病人用的杯子靠近燒飯的地方。好不容易加了熱水，他又嫌太燙，我加了冷水，他又說怎麼沒有糖，好在我知道糖在那裡，加了糖以後，他總算滿意了。也謝了我，而且叫我好孩子。我在想，這位老先生一定很有錢，過去每天在家使喚佣人，現在被人家遺棄，積習仍未改，可是因爲我們要侍奉窮人，也就只好聽由他使喚了。

第三件工作是洗衣服，無聊之至。洗衣中，又有人叫我修士，要我送藥給病人，我高興極了，因爲這件事輕鬆而愉快，有一位青年的修士負責配藥，配完以後，我們給一位一位病人送去。所以我的第四件工作是送藥。

送藥送得起勁，一個傢伙來找我，他說「修士，我是開救護車的，你要幫我抬四個遺體到車上去」。我曾背部受傷過，重東西早就不抬了，可是修士是什麼都要做的，我只好去抬。好在遺體都已用白布包好，我看不見他們什麼樣子。

上車以前，我抓了一位年輕力壯的修士與我同行，因爲我畢竟不是修士，也不懂當地法律，萬一有人找起我麻煩來，我應付不了。那位修士覺得有道理，就和我一起去了。

這位修士十九歲左右，身強體壯，一看就可以知道出身富有家庭，否則不會體格如此之好，他在一所大學唸了一年電機，就決定修道，參加這個修會。這位修士其實是個漂亮的年輕人，只是臉上有一個胎記，使他看上去好像臉上有一個刀疤，他就是昨天在彌撒中打鼓的那一位，他十分外向，老是在講笑話，途中我想買一瓶可口可樂喝，他說他不可以接受我的可口可樂，他說他不戴錶，曾經有人要送他一只錶，他也沒有接受。他說他唯一的財產是三套衣服，一雙鞋，萬一鞋子壞了，可能要等一陣子才會有新的給他，他滿不在乎的說，我可以赤腳走路。說到赤腳，他拍一下他的大腿，痛痛快快地說：「我要一輩子做一個窮人，做到我死爲止」。他說的時候，滿臉笑容，快樂得很。

我在想這小子，如果不做修士，一定有一大批女生追他，他一定可以過好的日子，可是他現在什麼都沒有了，只有三套衣服，可是他那種嘻嘻哈哈的樣子，好像他已擁有了一切。

火葬場到了，這所火葬場有一大片房子，房子裡外全是乞丐，我們三人將遺體搬到一個炭堆上，就放在那裡，什麼時候火葬，我們不知道。我感到這好像在丟垃圾，使我非常難過，有一個遺體的布後來散了，我認出這是一個年輕人的遺體，他昨天什麼都不吃，一位修士情急之下，找了極像奧黛利赫本的英國義工來餵他，卻也動不了他求死的決心，昨天下午就去世了。還好死前有人握了他的手，據說他在垂死之家四進四出，好了就出去流浪，得了病又回來，最後一次，他已喪失鬥志，不吃飯不喝水，也幾乎不肯吃藥，只求人家握住他的

手。

遺體放好，我們一轉身，二隻大烏鴉立刻飛下來啄食，它們先用腳熟練地拉開布，然後就一口一口地吃起來。死者的手，原來放在身上的，因爲布被拉開，我眼看他的右手慢慢地垂了下來，碰到了地。布一旦被拉開，我也看到了他的臉，兩隻眼睛沒有閉，對著天上望著，滿臉淒苦的表情。我們都嚇壞了，跑回去趕烏鴉，我找到了一塊大木板，將遺體蓋上，可是頭和腳仍露在外面。

雖然只有幾秒鐘的時間，那位孩子無語問蒼天的淒苦表情，以及大烏鴉來啄食的情景，已使我受不了了。

回來以後，還有一件事在等著我，又有人叫我：「修士，我要你幫忙」，原來我們要抬垃圾去倒，垃圾中包含了死者的衣物，垃圾場要走五分鐘，還沒有到，一堆小孩子就來搶，垃圾堆上起碼有三十隻大烏鴉在爭食，更有一大批男女老少在從垃圾堆裡找東西。

貧窮，貧窮，貧窮，這次我眞的看到了貧窮所帶來的悲慘，由於大家的推推拉拉，我的衣服完全遭了殃，我當時還穿了圍裙，圍裙一下子就變髒了。

我的心頭沉重無比，這種景象，以前，我只在電視和報紙上看到，現在，活生生地呈現在我的面前。

回到垂死之家，一位修女下令叫我去教堂祈禱，他說修士們都已去了，我也該去。修士

們果眞在，那位陪我去的修士盤腿而坐，兩手分開，低頭默想，看上去像在坐禪，嘻皮笑臉的表情完全沒有了。

而我呢？我坐在他們後面，還沒有坐穩，我的眼淚就泉湧而出，我終於瞭解了德蕾莎修女的話：

一顆純潔的心，會自由地給，自由地愛，直到它受到創傷。

我過去也號稱爲窮人服務過，可是我總找些愉快的事做，我在監獄裡服務時，老是找一些受過教育的年輕人做朋友，絕不敢安慰死刑犯，不僅怕看到手銬和腳鐐，更怕陪他們走向死亡，我不敢面對人類最悲慘的事。

現在我仍在做義工，可是是替一群在孤兒院的孩子們服務，這群孩子，被修女們慣壞了，個個活潑可愛而且快樂，替他們服務不僅不會心痛，反而會有歡樂。

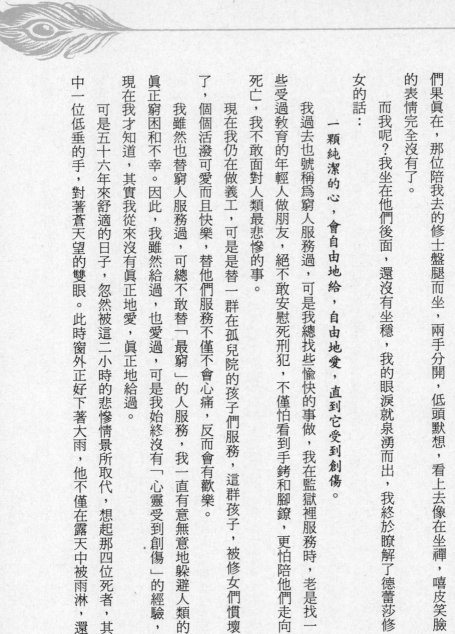

我雖然也替窮人服務過，可總不敢替「最窮」的人服務，我一直有意無意地躲避人類的眞正窮困和不幸。因此，我雖然給過，也愛過，可是我始終沒有「心靈受到創傷」的經驗，現在我才知道，其實我從來沒有眞正地愛，眞正地給過。

可是五十六年來舒適的日子，忽然被這二小時的悲慘情景所取代，想起那四位死者，其中一位低垂的手，對著蒼天望的雙眼。此時窗外正好下著大雨，他不僅在露天中被雨淋，還

要被烏鴉啄，我這次確確實實地感到難過到極點了。

耶穌的苦像在我前面，我又看到了「我渴」，做了四十年的基督徒，今天才明瞭了當年耶穌所說「我渴」的意義，可是我敢自稱是基督徒嗎？當基督說「我渴」的時候，我大概在研究室裡做研究，或在咖啡館裡喝咖啡。

我向來不太會祈禱，可是這一次我感到我在和耶穌傾談，我痛痛快快地和耶穌聊天，也痛痛快快地流淚，淚流了一陣子，反而感到一種心靈上的平安。我感謝天主給我這個抬死人遺體和到垃圾場的機會。我感到我似乎沒有白活這輩子。抬起頭來，卻發現那位修士坐在我的旁邊，他顯然看到我流淚，來安慰我的。

他說「先生，你的汗味好臭，我們都吃不消你的臭味，你看，修士們都被你臭走了，現在只有我肯陪你，你比我們印度人臭得多了。」

我知道他是來安慰我的，雖然我汗流浹背，衣服全濕了，也的確臭得厲害，可是他笑我比印度人臭，總不能默認，因此我做了一手勢假裝要打他一拳。

當時我們仍在聖堂內，這種胡鬧實在有點不像話，我們同時走到聖堂外面去，那位修士，四處張望一下，發現無人在場，做了一個中國功夫的姿勢，意思是如果我要揍他，他武功更好。

他說其他義工都只穿短褲和T恤，只有我穿了一件襯衫和長褲，修士們都穿襯衫和長

褲，我當時又沒有帶手錶，才會被人誤認爲修士。他調皮的說「下次再來，一定仍由你去火葬場，你最像抬遺體的人」。我聽了以後，心裡舒服多了。

離開垂死之家以前，我又幫忙洗了碗。

在大門口，這位修士背了一只麻布口袋準備離去，口袋上寫著M. C.（Missionaries of Charity），他看到了我，對我說「明天我不來這裡，」然後他調皮地說「修士，再見」。

我注視他的麻布口袋，以及他衣服上的十字架。好羨慕他，他看出我的心情，兩手合一地說「只要你繼續流汗，流到身體發臭，你就和我們在一起」。

我也兩手合一地說「天主保佑你，我們下次見面，恐怕是在天堂了」。我看到他拿起袖子來偷偷地擦眼淚。

第二天，我坐計程車去機場，又看到了一位修士和一位日本義工在照顧一位躺在街上的垂死老人，今天清晨，老人的家人將他抬來，遺棄在街頭。修士在叫計程車，日本義工跪下來握住老人的手。他是醫學院的學生，看到我，他說，「絕無希望」。雖然也許眞的沒有希望，可是這位老人至少知道，世上仍有關懷他的。

我當時恨不得不再走回計程車，留下來永遠地服務。

雖然只有兩天，垂死之家的經驗使我永生難忘。

我忘不了加爾各答街上無家可歸的人。

我忘不了一個小男孩用杯子在陰溝裡盛水喝。

我忘不了兩個小孩每晚都睡在我住的旅館門口，只有他們兩人，最大的頂多四歲。

我忘不了垂死之家裡面骨瘦如柴的病人。

我忘不了那位年輕的病人，一有機會就希望我能握住他的手。

我忘不了人的遺體被放在一堆露天的煤渣上，野狗和烏鴉隨時會來吃他們，暴風雨也會隨時來淋濕他們。他們的眼睛望著天。

我忘不了垃圾場附近衣不蔽體的窮人，他們和野狗和烏鴉沒有什麼不同，沒有人類應有的任何一絲尊嚴。

可是我也忘不了德蕾莎修女兩手合一的祝福，和她慈祥的微笑。

我更忘不了修士修女們無限的愛心和耐心。

我忘不了修士修女們過著貧窮生活時心安理得的神情。

我忘不了那麼多的義工，什麼工作都肯做。

我忘不了那位日本義工單腿跪下握住乞丐手的姿態。

雖然我看見了人類悲慘的一面，我從來沒有見過如此多善良的人。德蕾莎修女最大的貢獻是她將關懷和愛帶到人類最黑暗的角落，我們更應該感謝的是她們感動多少人，多少人因此變得更加善良，我應該就是其中的一個。

(五)讓高牆倒下吧

德蕾莎修女當年並不一定要走出高牆的。

她可以成立一個基金會，雇用一些職員，利用電腦和媒體，替窮人募款，然後找人將錢「施捨」給窮人。

她也可以只是白天去看看窮人，晚上仍回來過歐洲式舒適的生活。

甚至她只要每週有一天去服務窮人一下，其他的日子都替富人服務。

可是她自己變成了窮人，因爲她要親手握住貧窮人的手，伴他們步向死亡，再也不會逃避世上有窮人的殘酷事實，她不僅照顧印度的窮人，也照顧愛滋病患，最近，高棉很多人被地雷炸成了殘廢，沒有輪椅可坐，德蕾莎修女已親自去面對這個事實。

她單槍匹馬走入貧民窟，勇敢地將世人的悲慘背在自己身上。

她完全走出了高牆。

我們每個人都在我們心裡築了一道高牆，我們要在高牆內過著天堂般的生活，而將地獄推到高牆之外。這樣，我們可以心安理得的假裝人間沒有悲慘。儘管有人餓死，我們仍可以大吃大喝。

讓高牆倒下吧，只要高牆倒下，我們就可以有一顆寬廣的心。
有了寬廣的心，我們會看見世上不幸的人，也會聽到他們的哀求「我渴」。
看見了人類的不幸，我們會有熾熱的愛。
有了熾熱的愛，我們會開始替不幸的人服務。
替不幸的人服務，一定會帶來我們心靈上的創傷，
可是心靈上的創傷一定會最後帶來心靈上的平安。
如果你是基督徒，容我再加一句話。
只有經過這個過程，我們才能進入永生。

八十三年十月二十四日聯副

紐特，你為什麼殺了我？

在小鎮做醫生，和在大城市做醫生，總有點不同，在大城市，大多數醫生只管看病，絕對不過問病人的私事，可是我是科羅拉多州的一個小鎮裡的醫生，難免要管點閒事。

前幾天，來了一位癌症末期的病人，四十二歲，白人，男性，父母雙亡，在這個小鎮顯然沒有親人。由他的同事陪他來的，來的時候，病情已經很嚴重，來了以後病情急轉直下，這已是他第三次進醫院，前兩次都是在華盛頓的陸軍醫院治療的，因爲他在這裡一家會計公司做事，所以這一次他就來我們這一家小醫院，大概他自己知道這次復發，不可能好了，所以到我們這家小醫院來。他非常合作，雖然有很大的痛苦，卻儘量地不埋怨，好像在默默地忍受他的病痛。

他的名字很容易記，是約翰·甘廼迪，和那位被刺的總統完全一樣。

約翰在清醒時不太講話，可是睡著以後卻常說夢話，他常叫一個名字「紐特」，有的時候，卻又說「紐特，你爲什麼殺了我？」紐特這個名字很少用，目前衆議院的共和黨領袖的

名字叫做紐特，要不是他，我根本不可能認得出這是個名字。

在醫院裡聽到有人在夢裡提到殺人這種詞句，當然不免令人有些緊張，我本來打算不管他的，可是其他同仁們也聽到了。大家都議論紛紛，認爲這是件怪事。

我們不敢問約翰，看他如此虛弱，不忍去打擾他。因爲他的那一位同事每天都來看他，我們決定問他，他的同事說他從來沒有聽過約翰提起叫紐特的人，他同事中也沒有任何一位叫紐特的人。

我發現約翰在越南當過兵，而且有一位當年和他一齊當兵的好朋友，我們找到了他，他也說從未聽過紐特，他對約翰病重感到非常難過，那個週末還特地搭飛機趕來看他。

約翰的病情越來越重，我已發出了病危通知書，通知了那位送他來的同事，他的同事告訴我約翰對他的後事都有安排，遺囑已寫好，交給律師，可是他認爲我們仍該弄清楚紐特是誰。

這位同事知道約翰有一本記事本，這次也帶了來，事到如此，也不管隱私權了，我們打開記事本，果眞發現了紐特的名字，旁邊有一個電話號碼。電話是芝加哥的，大家公推我打電話。電話接通以後，對方首先報名，「這裡是聖保羅教堂」。我說「我要找紐特」，當時我有點不好意思，因爲我連紐特的姓都不知道，好在對方毫不介意，替我接上了紐特，在轉接的時候，我發現紐特是這所教堂的助理牧師。這令我大吃一驚，怎麼扯上了一位牧師？

「喂，我是紐特牧師，請問有何貴幹？」說話的人語調非常溫和，他用他的小名，也是一種拉近對方距離的做法，很多神職人員只用他的小名，而故意不提姓。

「請問你認不認識約翰·甘迺迪？」

「當然認識，他是我的弟弟。他怎麼啦？難道癌症又發了？」

於是我告訴他我的身分，也告訴他約翰正病危，既然對方是病人的哥哥，似乎應該來看他。

紐特說他立刻設法搭晚上的飛機來，相信明天一定可以趕到。我卻有一點慌，我告訴他，約翰常在夢裡喊紐特，但又常常說，你爲什麼殺了我？紐特聽了我的話，絲毫不表驚訝，他只說他不可能在電話中說明，但明天他就可以有機會解釋清楚。

對我來講，這眞是一頭霧水，紐特是約翰的哥哥，也是一位說話溫和的牧師，爲什麼約翰說紐特殺了他？爲什麼紐特也不抗議呢？

第二天，紐特趕到了，他和約翰的確有點像，舉止完全是神職人員的樣子，非常謙和。

他先問了我約翰的病況，然後邀請我一起進去。

約翰正好醒著，看到了紐特高興極了，紐特擁抱了約翰，口中一再地講：

「約翰，請原諒我！」

以下是紐特的自白：

「我從大學畢業以後，就在一家生化公司做事，由於我的表現非常好，一九六九年我已是農藥組的組長，負責製造各種的農藥。」

「我們的產品中有一種叫橘子藥劑的農藥，這是一種落葉劑，灑在樹上，葉子就掉了，當然事後還會長回的，在美國中西部，很多農人用這種藥。當時越戰已經打得很厲害。有一天，我忽然想到，如果灑落葉劑到越南的叢林上，可以使躲在叢林裡的北越游擊隊無處逃，因而減低美國士兵的傷亡。」

「於是我寫了一份備忘錄，給了我的上司，兩天以後，我和我的上司就飛到了華盛頓，見到了國防部的一些官員。他們對我的建議極感興趣，也叫我們絕對保密。」

「我們公司從此成了國防部的唯一落葉劑供應者，一切保密。我瞭解人知道秘密總會有麻煩的，也就索性完全不管這件事。」

「有一次，有一份公文陰錯陽差地送錯了，不該送給我的卻好端端地放在我的桌子上，我打開一看，發現是有關落葉劑的生產資料，我不該看這種秘密資料的，可是實在忍不住，我一頁一頁地看下去。」

「不看則已，一看，我就嚇了一跳，因爲我發現賣給國防部的落葉劑，含戴奧辛的成份是普通農藥的一倍。我立刻去見我的上司，告訴他如果使用這種落葉劑，一定會有人因此而產生癌症，包括美軍在內。」

「我的上司勸我不要管這種事，他說落葉劑已經在越南使用了，效果極好，軍方大量採購，公司大發利市，股票也因此大為上揚。公司絕對不願意失去這筆生意的。」

「他同時暗示我，軍方不會肯認錯的，如果他們知道我要將事實公布出來，一定會先下手為強，將我暗殺掉，他的話令我毛骨悚然。」

「第二天，我收到公司總經理的一封信，信上說公司對我的工作極為滿意，決定給我一筆五十萬元的獎金，我打電話去問我的銀行，他們說的確有一筆五十萬存入了我的戶頭。」

「從此，我就被收買了，我的良心雖然有些不安，可是我想反正我又不是在造汽油彈，由於我捨不得這五十萬元，也捨不得這條命，我決定不再張揚這件事。當時我從來沒想到會連累到我的親人。」

「你被徵到越南，我開始緊張起來。」

「有一天，你從越南寫信給我，大大誇讚落葉劑，還說如果沒有落葉劑，你恐怕已經陣亡了。這下我知道我罪孽深重，我的主意竟然害到了親弟弟。」

「我立刻辭掉了那份工作。好一陣子，我想自殺，虧得碰到一位老牧師，他勸我以一生的補償來洗清我的罪。他介紹我到芝加哥的貧民區去做義工，我去了，卻愛上了替窮人服務的工作。後來，一不做，二不休，我唸了神學院，成了牧師。」

「我一直都在貧民區裡做事，生活也完全變了。過去我是個雅痞型的人，女朋友多得不

得了，生活也非常奢侈。現在我下定決心獨身，而且過著非常簡樸的生活。」

「你得了癌症，是我意料中的事。因爲大批美軍得了癌症，全是因爲落葉劑的原因。我一直想將事情眞相告訴你，可是一直無法啓口。」

「唯一不能瞭解的，你怎麼知道我建議使用落葉劑？」

約翰說這也是偶然，一共有三千多位因落葉劑而患癌症的越戰退伍軍人，大家聯合一致向政府提出告訴。約翰負責調查事情的眞相，因此查出了當年向軍方建議的人就是自己的哥哥。他從此不再管這件打官司的事。他又發現他哥哥變了，由花花公子變成了替窮人服務的牧師，他猜出了原因，他的理智告訴他應原諒他的哥哥。

怪不得約翰只在夢裡會問「你爲什麼殺了我？」可見他雖然理智上原諒他的哥哥，下意識仍對他的哥哥有一些埋怨。

約翰又說他正打算找他哥哥來，因爲他自己知道已經病危了。

紐特一再地承認自己是個懦夫，可是他一再希望我們知道他已改過遷善，而且也已將全部財產捐給了窮人。

就在紐特一再承認自己是懦夫的時候，約翰突然說話了，他說：「紐特，不要再提懦夫了，我才是一個不折不扣的懦夫。」

我們大家都大爲震驚，不懂他的意思。以下是約翰的自白：

「我在越南打仗的時候，常要進攻一個村落，因爲怕村落裡有游擊隊，我是排長，每次都由我以無線電召來空軍支援，我永遠要求空軍投下汽油彈，汽油彈不僅將茅屋燒得一乾二淨，絕大多數的村民也都被活活燒死。」

「可是我發現其實村民全是老弱婦孺，從來就沒有發現過任何壯丁的屍體。我應該停止這種使用汽油彈的請求的，可是我爲了要求得安全感。不管有沒有敵人，一概灑下汽油彈。汽油彈發出來的汽油會黏在人的身上，很多人跳到池塘裡去，有的時候，整個池塘都燒起來了。」

「我也曾經親眼看到一個母親在臨死以前還抱著她的孩子，孩子已死了，母親仍在燃燒之中，雖然如此，她還是緊緊抱著她的孩子。」

「戰事結束了，這種汽油彈將人活活燒死的回憶，卻永遠跟隨著我，我決定永遠不結婚，因爲我覺得我殺了這麼多無辜的人，沒有資格享受天倫之樂了。」

「如果說誰是懦夫，我才是懦夫，而且我才是罪惡深重的人。」

約翰很吃力地講了這番話，一種令人不安的安靜降臨到病房。好一陣子，我們誰都說不出話來。幾分鐘以後，還是約翰打破了沉默，「紐特，你是牧師，由你替我做臨終祈禱吧！」紐特以眼光問我的意見，我點點頭，以我的經驗，任何人說出這種懺悔的話以後，不久以後就要離開我們了。

當天下午，約翰平安地離開了。紐特一直陪著他。我們兩人眼看著儀器上所顯示的心跳完全停止。他謝謝我，但感慨萬千地向我說，「醫生，我和我弟弟從來不曾想過要殺過任何人，我們也都曾想過做醫生，專門做救人的工作。」

當天，當我回家的時候，我感到好冷。過去我總以爲戰爭最大的恐怖是戰爭中這麼多無辜的人被殺，今天我才知道戰爭最大的恐怖是將善良的人變成了劊子手。

八十四年一月十日聯副

來自遠方的孩子

作爲大學的歷史系教授，即使不兼任何行政職務，仍要參加各種校內外會議。今年我總算有一個休假一年的機會，我選了普林斯頓大學作爲我休假的地方。

剛來的時候，正是暑假，雖然有些暑修的學生，校園裡仍顯得很冷清，對我而言這眞是天堂，我可以常常在校園裡散步，享受校園寧靜之美。

就在此時，我看到了那個孩子，他皮膚黑黑的，大約十三、四歲，一看上去就知道是中南美洲來的，他穿了T恤，常常在校園裡閒逛，令我有點不解的是，他老是一個人，在美國，雖然個人主義流行，但並不提倡孤獨主義，青少年老是呼朋引伴而行，像他這樣永遠一個人閒逛，我從來沒有見過。

我不僅在校園裡看到他，也在圖書館、學生餐廳，甚至書店裡看到他。我好奇地注意到，他不僅永遠一個人，而且永遠是個旁觀者，對他來講，似乎我們要吃飯，要上圖書館等等都是値得他觀察的事。可是他只觀察，從不參與。比方說，我從未看到他排隊買飯吃。

有一次，我到紐約去，在帝國大廈的頂樓，我忽然又看到了他，這次他對我笑了笑，露出一嘴潔白的牙齒。當天晚上，在地下鐵的車子裡，我又看到了他，坐在我的後面，車廂裡只有我們兩個人。

我開始覺得有些不可思議，他爲什麼老是尾隨著我？

秋天來了，普林斯頓校園內的樹葉，一夜之間變成了金黃色的，我更喜歡在校園內散步了，因爲美國東部秋景。美得令人陶醉，可是令我不解的是，這位男孩子仍在校園內閒逛，唯一的改變是他穿了一件夾克。所有的中學都已經開學了，他難道不要上學嗎？如果不上學，爲什麼不去打工呢？

有一天，我正要進圖書館去，又見到了他，他斜靠在圖書館前的一根柱子上，好像在等我，我不禁自言自語地問「搞什麼鬼，他究竟是誰？怎麼老是在這裡？」

沒有想到他回答了，「教授，你要知道我是誰嗎？跟我到圖書館裡去，我會告訴你我是誰。」令我大吃一驚的是他竟然用中文回答我。他一面回答了我，一面大模大樣地領我向查詢資料的一架電腦終端機那裡走去。

我照著他的指示，啓用了一個多媒體的電腦系統，幾次以後，這個男孩子告訴我，我已找到了資料，這是一卷錄影帶，一按紐以後，我在終端機看到了這卷錄影帶，這卷錄影帶我看過的，去年我服務的大學舉辦「饑餓三十」的活動，主辦單位向世界展望會借了這卷錄影

帶來放，這裡面記錄的全是世界各地貧窮青少年的悲慘情形，大多數的鏡頭攝自非洲和中南美洲，事後我又在電視上看到一次，今天我是第三次看了。

雖然這卷錄影帶上的場面都很令人難過，可是我印象最深的是一個少年乞丐的鏡頭，他坐在一座橋上，不時地向路邊的人叩頭。說實話，雖然我看了兩次這卷錄影帶，別的鏡頭我都不記得了，可是這個男孩子不停地叩頭的鏡頭，我卻一直記得。

大概五分鐘以後，那個少年乞丐叩頭的鏡頭出現了，我旁邊的這個孩子叫我將錄影帶暫停，畫面上只有那個小乞丐側影的靜止鏡頭，然後他叫我將畫面選擇性地放大，使小乞丐的側影顯得非常清楚。

他說「這就是我」。

我抬起頭來，看到的是一個健康的而且笑嘻嘻的孩子，我不相信一個小乞丐能夠有如此大的變化。

我說「你怎麼完全變了一個人？」

孩子向我解釋說「自從世界展望會在巴西拍了這一段記錄片以後，全世界都知道巴西有成千上萬的青少年流落街頭，巴西政府大為光火，所以他們就在大城市裡大肆取締我們這些青少年乞丐。這些警察非常痛恨我們，除了常常將我們毒打一頓以外，還會將我們帶到荒野裡去放逐，使我們回不了城市，很多小孩子不是餓死，就是凍死在荒野裡。

「有一天，我忽然發現大批警察從橋的兩頭走過來，我也看到了一個孩子被他們拖到橋中間痛揍，我當時只有一條路走，那就是從橋上跳下去。」

我嚇了一跳，「難道你已離開了這世界？」

他點點頭，「對，現在是我的靈魂和你的靈魂談話，至於這個身體，這僅僅是個影像，並不是什麼實體，我活著的時候，一直羨慕別人有這種健康的身體，所以我就選了這樣的身體，你摸不到我的，別人也看不到我，也聽不到我們的聲音，因爲靈魂的交談是沒有聲音的，你難道沒有注意到你我的嘴唇都沒有動，我其實不會中文，可是你卻以爲我會中文。」

我終於懂了，怪不得他從來不吃飯，現在回想起來，我甚至沒有看到他開過門。

雖然我在和一個靈魂談話，我卻一點也不害怕，他看上去非常友善，不像要來傷害我。

「你爲什麼選上我？」

「你先結束這個電腦系統，我們到外面去聊。」

我們離開了校園，走到了一個山谷，山谷裡有一個池塘，山谷裡和池塘裡現在全是從北方飛過來的野鴨子，我們找了一塊草地坐下。

「我離開這個世界以後，終於到了沒有痛苦，也沒有悲傷的地方。雖然如此，我仍碰到不知道多少個窮人，大家聊天以後，公推我來找你。」

「你是歷史學家，你有沒有注意到，我們人類的歷史老是記錄帝王將相的故事，從來不

會記錄我們這些窮人的故事，也難怪你們，畢竟寫歷史的人都不是窮人，你們根本不知道我們的存在，當然也無法從我們的眼光來看世界了。」

「世界上所有的歷史博物館，也都只展覽皇帝、公爵、大主教這些人的事跡，我在全世界找，只找到一兩幅畫，描寫我們窮人。拿破崙根本是個戰爭販子，他使幾百萬人成為無家可歸的孤兒寡婦，可是博物館裡老是展覽他的文物。」

「你們中國歷史有名的貞觀之治，在此之前，短短幾十年內，你們的人口因為戰亂，只剩下了百分之十。百分之九十的人都是餓死的，可是你們歷史教科書也只輕描淡寫地一筆帶過這件大事。」

「我最近也開始看世界地理雜誌，這份雜誌所描寫的地球，是個無比美麗的地方，他們介紹印度的時候，永遠介紹那些大理石造成的宮殿，而從來不敢拍一張印度城市裡的垃圾堆，以及在垃圾堆旁邊討生活的窮人，他們介紹里約熱內盧，也只介紹海灘上游泳的人，而不敢介紹成千上萬露宿街頭的兒童。」

「你也許覺得我們的校園好美，我們現在坐的地方更加美，可是世界眞的如此之美嗎？你只要開車一小時，就可以到達紐澤西州的特蘭登城，這個城裡黑人小孩子十二歲就會死於由於販毒而引起的仇殺，如果他不是窮人，他肯在十二歲就去販毒嗎？」

「我們死去的窮人有一種共識，只要歷史不記載我們窮人的事，只要歷史學家不從窮人

的眼光來寫歷史，人類的貧窮永遠不會消失的。」

「我們希望你改變歷史的寫法，使歷史能忠實地記載人類的貧困，連這些來自北方的野鴨子，都有人關心，爲什麼窮人反而沒有人關心呢？」

我明白了，可是我仍好奇，「這世界上的歷史學家多得不得了，爲什麼你們會選上了我？」「因爲我們窮人對你有信心，知道你不會因爲同情窮人而挑起再一次的階級鬥爭，我們只希望世人有更多的愛，更多的關懷，我們不要再看到任何的階級仇恨。」

我點點頭，答應了他的請求。他用手勢謝謝我。然後他叫我往學校的方向走去，不要回頭，一旦我聽到他的歌聲，他就會消失了。

一會兒，我聽到了一陣笛聲，然後我聽到了一個男孩子蒼涼的歌聲。有一年，我在唸大學的時候，參加了山地服務團，正好有緣參加了一位原住民的葬禮。葬禮中，我聽到了類似的蒼涼歌聲。

幾分鐘以後，我聽到了一個女孩子也加入了歌聲，終於好多人都參加了，大合唱的歌聲四面八方地傳到我的腦中，我雖然聽不懂歌詞，可是我知道唱的人都是窮人，他們要設法告訴我，這個世界並不是像我們看到的如此之美，我現在在秋陽似酒的寧靜校園裡散步，我的世界既幸福又美好，可是就在此時，世界上有很多窮人生活得非常悲慘，只是我不願看到他們而已。我知道，從此以後，在我的有生之年，每當夜深人靜的時候，我就會聽到這種歌

聲。

××××××

公元二千一百年，世界歷史學會在巴西的里約熱內盧開會，這次大會，有一個特別的主題，與會的學者們要向一位逝世一百年的歷史學家致敬，由於這位來自台灣學者的大力鼓吹，人類的歷史不再只記錄帝王將相的變遷，而能忠實地反應全人類的生活，因此歷史開始記錄人類的貧困問題，歷史文物博物館也開始展覽人類中不幸同胞的悲慘情形。

這位教授使得人類的良心受到很大的衝擊，很多人不再對窮人漠不關心，也就由於這種良知上的覺醒，各國政府都用盡了方法消除窮困。這位歷史學家不僅改變了寫歷史的方法，也改寫了人類的歷史。

八十四年二月十七日聯副

對數字正確的認識

老王去世了，我是看報才知道的，他和我當年是大學商學系的同班同學，畢業以後，兩個人都成了億萬富翁。我們常常見面，有的時候也免不了會互相吹捧一番，畢竟有億萬家產的人也不多。

老王說我和他有一個共同的特徵，那就是我們對數字非常敏感，因此我們會感覺到美國利率可能漲，澳洲幣值可能跌，我們更會知道我們設廠的時候該投多少資金下去，該向銀行貸多少錢。說實話，這些事情，多少要靠一些天分，我常看到一些人雇用了一批所謂的財務專家使用了大批電腦程式，我和老王就憑著我們的經驗和直覺，輕而易舉地打敗了這些號稱專家所用的電腦。

老王最近很少和我們見面，聽說他已失去賺錢興趣了。我仍在忙自己的事業，沒有時間去問他是怎麼一回事。

老王的追悼會由他兒子辦的，我和太太坐定以後，發現禮堂的第一排留給家人坐，後面

的兩排卻寫了「恩人席」，我左想右想，想不通老王有什麼恩人，像他這種賺大錢的人，該有個「仇人席」還差不多。

典禮開始以前，一輛校車開到了，幾位老師帶了一些學生下車，老王的兒子趕緊去招待，令大家不解的是：這些老師和學生大剌剌地坐進了恩人席。

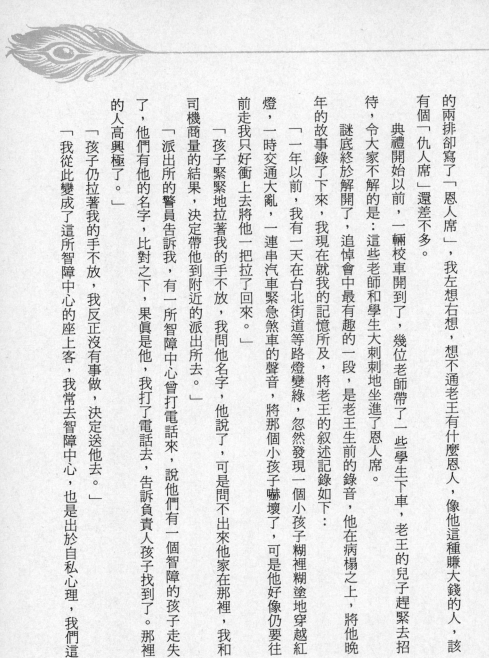

謎底終於解開了，追悼會中最有趣的一段，是老王生前的錄音，他在病榻之上，將他晚年的故事錄了下來，我現在就我的記憶所及，將老王的敘述記錄如下：

「一年以前，我有一天在台北街道等路燈變綠，忽然發現一個小孩子糊裡糊塗地穿越紅燈，一時交通大亂，一連串汽車緊急煞車的聲音，將那個小孩子嚇壞了，可是他好像仍要往前走我只好衝上去將他一把拉了回來。」

「孩子緊緊地拉著我的手不放，我問他名字，他說了，可是問不出來他家在那裡，我和司機商量的結果，決定帶他到附近的派出所去。」

「派出所的警員告訴我，有一所智障中心曾打電話來，說他們有一個智障的孩子走失了，他們有他的名字，比對之下，果眞是他，我打了電話去，告訴負責人孩子找到了。那裡的人高興極了。」

「孩子仍拉著我的手不放，我反正沒有事做，決定送他去。」

「我從此變成了這所智障中心的座上客，我常去智障中心，也是出於自私心理，我們這

種有錢人，一輩子都對別人疑神疑鬼，有人對我好，我就會懷疑他是衝著我有錢來的，惟獨在這所智障中心，孩子們絕對不知道我是何許人也。最令我感到安慰的是，中心的老師也把我當成普通人看，去中心做義工的人不少，很多人顯然認出了我，可是誰也不大驚小怪。」

「我發現這所智障中心雖然有政府的補助，可是開銷極大，因爲要請很多老師的緣故，我決定送一筆錢給他們。沒想到那位負責人不肯拿這麼多錢，他說需要錢的公益團體非常多，他的原則是不要有太多的錢，因此他只肯收一半，他勸我將另一半捐給別的團體去。」

「對我來講，這是第一次知道有人會感到錢太多，我過去從來沒有這種想法。」

「有一天，有一個小孩快樂地告訴我，他們種的盆栽都賣掉了，每盆多少錢？這個小子居然說『一塊錢』，旁邊的一個老師很難爲情，他告訴我，這些孩子的智商都在四十左右，大概是幼稚園程度，他說很多智障的孩子一臉聰明像，有時看不出有任何問題，最好測試的方法就是問他有關數字的問題，不相信的話，可以問他年齡，果眞這孩子說他現在三歲。」

「那位老師又說『王先生，並不是每個人都像你這樣對數字有觀念，這個孩子固然對數字似乎一竅不通，就以我們這些人，其實也都不知道怎樣賺錢。人家捐來的錢，我們只會放在銀行裡』。」

「當天晚上，我的總經理給我看我們最近的業績，我在一個月之內，又賺了幾百萬台幣，我賺了這些錢有何意義？我開始懷疑起來。」

「對一個沒有什麼錢的人來講，賺錢可以增加安全感，對我而言，可說是毫無意義。像我這種年紀的人，還要不斷地再賺幾百萬，居然有人說我對數字有概念，我覺得我對數字才眞是毫無正確的認識，賺了這麼多錢，還要拚老命賺錢，我覺得我和那些智障兒，其實沒有什麼不同。」

「我惟一的兒子很有出息，不需要我的財產，我留了一個零頭給他，其餘的錢，我成立了一個基金會，所有的財產都進入了這個基金會，專門做慈善工作。當年我從社會上賺的錢，又回到了社會。」

「我自認我現在對數字有正確的看法。」

追悼會完了以後，我和我太太走回汽車，車上的大哥大響了，我的總經理很高興地告訴我，香港的一筆生意成交了，我又賺進了一千萬。

車外是個萬里無雲的大好天，氣溫一定在攝氏三十四度左右，我的司機小李是墾丁那一帶的年輕人。我忽發奇想，問他，「小李，你想不想去海水浴場游泳？」小李嚇了一跳，不知如何回答才好，我索性告訴他，我今天不上班了。他可以痛痛快快地游泳，小李左謝右謝，他說他將我們送回家以後，就騎機車去淡水，我可以想像得到這個小子穿著汗衫短褲騎機車神氣的樣子。

我請小李停車，太太被我拉下了車，我要和她輕鬆地找一家飯館吃午飯，小李受寵若驚

地要離開以前，我敲敲前面的車窗，提醒他的游泳褲就放在車子前面的小櫃子裡，我早就發現這件事，所以我才知道小李是個游泳迷，隨時隨地想找個機會去游泳。小李被我發現他的秘密，非常不好意思。

我和太太找了一家吃牛肉麵的地方，老闆問我們吃大碗、中碗或小碗，我們都點了小碗，再加了一盤小菜。

我太太說「老頭子，麵只能吃小碗了，錢卻要拚命地賺，我問你，我們賺這麼多錢有什麼用？連吃都吃不下了。」

我不理她，她知道我要怎樣處理我的財產，我和老王一樣，對數字都有正確的認識，我會正確地處理我賺來的錢，錢從那裡來，就應回到那裡去，我總不能被人笑成了智障兒。

八十四年四月十六日聯副

我的家

我從師大畢業以後，第一個實習的工作是在鄉下做老師，對我這個從小到大在城市裡長大的人而言，鄉下簡直是天堂，這裡空氣永遠新鮮，天空永遠蔚藍，溪水也永遠乾淨，所以我每天一放學，就到校外去，沿著鄉間的小徑散步。

散步的時候，當然會碰到玩耍的小孩子，我發現有幾個小孩子似乎特別地友善，他們不僅和我打招呼，而且也會主動要求我幫他們的忙。

有一次，他們的球掉到了一條小溪中間的石頭上，這些小鬼不敢去拿，怕掉到河裡去。我走過，一個小鬼叫我叔叔，然後就請我去撿那個球，我冒了生命的危險去撿了給他們，他們好高興。

第二次，問題更嚴重了，他們的球滾到了一棵大榕樹的下面，那裡躺了一條大黃狗。小鬼們看到了這條大狗，誰也不敢去拿球。我走過，這個撿球的工作又到了我的肩上。我鼓起了勇氣，向大樹走去，同時用友善的眼光看那條大狗，牠不僅沒有對我叫，反而搖起尾巴來

了。當我將球丟給那些頑童的時候，他們給我一個英雄式的歡迎。

我學過一些兒童心理學，當時就感覺這些小孩子一定出自相當幸福的家庭，所以才會對陌生人如此友善，破碎家庭的小孩子多半對人不太信任，絕對不會叫陌生人替他撿球的。既然他們對我如此友善，我就一不做，二不休，問他們住在那裡。孩子們異口同聲地請我同他們一起回家。我一路跟著他們，這才發現我倒楣了，因爲其中最小的一個還要我背。

出乎意料的是，這些孩子住在一家孤兒院裡，現在當然不流行叫孤兒院，而叫兒童中心，進入了院門，孩子們溜得無影無蹤，和別的孩子們瘋去了。

一位修女和我打招呼，也謝謝我陪孩子們玩。不一會，那個最小的小孩出現了，他拉了我的手，帶我去看他的卧室，因爲他仍是幼稚園學生，所以似乎床單等等都有動物或卡通人物的圖樣，他也有一個小櫃子，裡面藏著他的一些寶貝。

就這麼短短的接觸，我發現我的褲子口袋裡多了兩顆玻璃彈珠，四顆小石子和一條蚯蚓。

我終於瞭解爲什麼孩子們生活在一所兒童中心裡，仍然會如此快樂，而且對陌生人如此友善，原因很簡單，他們所接觸的人都是好人，他們知道，如果他們有什麼問題，我們這些人總會幫他們的忙。我們雖然不是他們的親人，他們卻總把我們視爲親人。孩子病了，我被捉去開車送他們去看醫生，孩子功課不好，我又被抓去做家教。不僅如此，他們也都非常尊

重我們，我們這些叔叔伯伯阿姨們，隨時要抱這些孩子們，可是也都隨時可以管他們，至於修女們，更有權威了。他們什麼事都去找修女，也心甘情願地接受修女們的管教。

實習完了以後，我回到台北市，在一所國中教書，學生全都來自中產階級的家庭，大多數都很正常，但有一個例外，這個孩子老是有點心不在焉，功課也不太好。

有一天，我發現他沒有來上課，打電話去他家，他媽媽說他已經離開家了，又說他曾經失蹤一次，事後又回來了。聽她的口氣，她好像不太擔心。

第二天，我接到派出所的電話，他們在火車站裡看到我的學生在裡面睡覺，帶他去派出所，他堅決不肯告訴警察他住的地方，也不肯告訴他們他的父母是誰。可是從他的制服上，可以知道他就讀的學校。因為制服上繡了他的名字，他們很快就查出我是他的級任導師。警察叫我立刻去派出所。

警察告訴我，這個在火車站過夜的孩子絕不是窮人的孩子，因為他的身上有進入公寓的電腦卡片，也有幾千塊錢，他們完全不懂，既然他住在要刷卡才能進入的大廈裡，為什麼晚上會跑到火車站去過夜？現在既然導師來了，警察就將孩子交給了我，當然他們強調我一定要將孩子送回家。

我帶他去吃燒餅油條，雖然他不肯告訴警察他住那裡，可是我知道，因為學校裡的學生資料上有他的住址。儘管他老大不願意，在我一再勸說以後，他答應由我陪他回家，可是他

希望我們下午才去。

果眞他住在一座非常講究的大廈，進大門要刷卡，連乘電梯都要刷卡，他的家也很舒服，他的一輛新的腳踏車、昂貴的音響和電腦設備，都表示他是那種什麼都有的孩子，我們去的時候，他媽媽不在家，我事先曾打電話告訴她，孩子已經找到了。

孩子告訴我，他爸媽離婚，他和媽媽住，從家裡照片上來看，他的媽媽很漂亮。我問他媽媽有沒有工作，他說有的，我又問他她媽媽在那裡工作，他卻不肯告訴我。

我不願意逼人太甚，既然他已回家，我就準備離開了，讓他好好休息一下。就在這個時候，他忽然說「老師，你既然要知道我媽媽在那裡工作，我現在就帶你去看。」

他坐在我的車上，指點我如何去，那個區域是我們做老師的人不會去的地方。最後，孩子叫我將車子停一下，指給我看他媽媽工作的地方，我一看，發現是家酒廊。我終於瞭解了這是怎麼一回事。

孩子回來上課，也接受了校方的輔導。輔導室告訴我這是一個嚴重的案例，孩子雖然有一個富有的家庭，卻像一個窮苦孩子，在同學面前抬不起頭來，他們說孩子一定還會再出走的。

孩子終於提出條件了，他說只要他離開他現在的家，他保證他一定會好好地念書，不再出走了。

我找了社會局的社工人員，發現有一家南部教會辦的少年城肯接納他，這所少年城原來只收容家遭變故的男性青少年，我們說好說歹，他們才答應讓他去。孩子馬上答應，孩子的媽媽一開始當然不肯，可是我們向她解釋這恐怕是唯一的辦法，她也就答應了。

我送孩子去，在火車上，他沒有任何緊張的樣子，反而有如釋重負的感覺。他也沒有帶太多的行李，看來，他的昂貴腳踏車、電玩和音響都要成爲過去式了。

少年城到了，當我在付計程車司機車資的時候，孩子匆匆忙忙地打開車門，向等候他的一位神父奔去，那位神父一臉驚訝，孩子奔向他，擁抱著他，喃喃地說「神父，我終於回家了。」神父看清楚他以後，對他說「原來是你！」

有一位年輕人帶他去他的房間，神父趁機告訴我，這個孩子在去年曾經來住過，他自己來的，而且也坦白地告訴神父，他有家，家也有錢，可以付生活費。他們發現他是個很好的孩子，可是既然他有家，又不窮，就勸他回去了。因爲少年城是收養窮人家孩子住的地方。

我看了一下環境，又想起了孩子在台北的家，在這裡，他雖然也有一輛腳踏車，可是又破又舊，他們好多人同住一間房，這個孩子的確放棄了不少的東西。

當我離開的時候，孩子對我說：「老師，告訴我的同學我新家的地址和電話，歡迎大家到南部來看我。」說這些話的時候，孩子臉上充滿了滿足的表情。誰都可以看出他已經回家了。

在我回台北的火車上，我在想，我快結婚了，最近我看到很多有錢的孩子所擁有的昂貴玩具。不覺有點擔心。以我的收入，我未來的孩子是不會有這些玩意兒的。現在我不再擔心這件事，我該隨時注意的是我有沒有做個好人，如果我失去了孩子對我的尊敬，恐怕就已失去了一切。

我終於知道了孩子們想要的是什麼樣的家。

八十四年六月五日聯副

竊聽者

我的專長是遙控技術，工作地點是美國的一家專門設計通訊衛星的公司，在過去，衛星放上去以後，要修起來是很困難的事，可是我們現在的做法是事先將衛星裡面設計好了可以遙控的維修系統，如果衛星失靈，我們可以在地面送一些訊號上去，也可以因此找出毛病的問題所在，如果情形不嚴重，我們可以在地面用遙控的方法將它修好。

衛星很少失靈，我們平時就做一些遙控的檢驗工作，這些檢驗做多了，大家也就馬馬虎虎，只要功能正常，我們一概都在數據上簽字了事。

一個月以前，我閒來無事，將檢驗的數據仔細看看，忽然發現了一個怪異的現象，這個現象過去沒有的，兩年前才開始有，因爲不正常的程度非常之小，不影響運作，所以沒有人發現。

我立刻向我的上司報告這件事，他調出了好幾顆衛星的資料，這才發現，兩年前，大家都正常，現在都有問題了。

我們有一個備而不用的緊急掃描系統，通常這是在衛星有問題時才啓動的，我的上司決定啓動這種系統，結果令我們嚇得一身冷汗，原來有人在我們的衛星上裝了竊聽器，而且天線一概朝向太空。

事情鬧大了，連美國總統都知道了，他立刻經由國務院和幾個超強聯絡，請他們查看一下，他們的衛星有沒有被竊聽。回信是：幾乎全部都已被竊聽，而且天線都朝向太空。

聯合國安理會五強秘密地開會，一致決定在美國馬利蘭州的太空總署設立一個小組，選定了一個熱線頻道，用這個頻道，告訴地球以外的外星人，我們已知道自已被竊聽，也願意和他們聯絡。五國都派出一些科學家和語言學家，到太空總署去待命。

我是始作俑者，當然也就被派去，我們整整等一個星期，總算還好，終於有訊號回來了，文字是法文，好在我們有專家在場，立刻將之譯成英文。

外星人說他們是宇宙生物研究員，因爲所居住的星球離地球很遠，地球所送出去的電訊要兩個月才會到他們那裡。碰巧他出來開會，太空船路過地球，收到了訊號，也就在太空船上和我們通訊。

他說他對竊聽感到很抱歉，他只想收集資料而已，絕無任何惡意。

因爲來文是法文，我們公推一位法國籍的科學家和這位外星人談話。他首先問這位外星人的專長是什麼？外星人告訴我們他是宇宙生物研究院動物研究所的研究員，他的專長是動

物的社會行爲。

法國人問他爲什麼要竊聽我們人類的廣播？外星人說人類是動物中的一種，他一直研究人類的社會行爲。過去他們常派太空船來地球搜集有關人類的資料，現在由於人類使用通訊衛星，他們就決定在這些通訊衛星上都裝了竊聽器，所有人類的廣播都送到了他們的電腦。這樣，他們可以充分的了解人類最近所發生的事情，因此，他們研究的材料就豐富多了。他再一次強調竊聽的目的是爲了做研究，沒有任何其他的目的，請我們一定要放心。

法國人問他爲何對人類的社會行爲有如此大的興趣？外星人說人類雖然是動物中的一種，可是人類有一個特點，那就是人類會大規模自相殘殺。他說，以獅子和老虎爲例，獅子和老虎都會殺害別的動物，可是絕不殺同類，你從來沒有看過獅子吃獅子，換句話說，獅子和老虎會認出自己的同類來，而儘量避免殺自己的同類。

外星人還說人類自相殘殺，常常好像爲一些奇怪而令他們不解的理由，以宗教爲例，宗教都是勸人爲善，更都規勸信仰宗教者要愛人，可是人類卻一再地爲宗教而互相殺戮。再以奧克拉荷馬城的爆炸案來講，嫌疑犯和被殺的人屬於同一種族，信仰同一宗教，而仍然會大開殺戒，令這位外星人大惑不解。

外星人對人類會以酷刑來對待同胞，也表示不了解，他說貓有時會虐待老鼠，可是從來沒有看到貓虐待其他貓的。他說他們有各種人類酷刑的錄影帶，看過的研究員都被人類的殘

忍嚇壞了。

外星人接著說，人類中的白人看到黑人，有時會將他們不當人類看，可是動物反而不會，以豹子爲例，豹子中有黑豹，也有金錢豹，可是豹子們互相都能認出，不管黑豹也好，金錢豹也好，都是豹子，貓狗也是如此，從沒有聽說黑貓攻擊白貓的，爲什麼人類始終如此在意對方的膚色，這點也使他大惑不解。

外星人滔滔不絕的言論，使我們整個大廳鴉雀無聲，每個人都對著自己的終端機發呆，一陣沈寂以後，那位法國科學家又問外星人要到那裡去。

外星人說他們正在到一個星球去開會，這個宇宙會議專門討論人類的社會行爲，自從人類使用原子彈以後，研究人類的社會行爲就成了宇宙學術界的顯學，過一陣子，就會有舉行會議討論這個問題。由於他是此方面的權威，所以也就常被請去發表論文。

最後，法國人和我們大家商量以後，大膽地提出的一個問題，他說對外星人而言，「人類」的學名是什麼。

外星人說了一個名字，是音譯，沒有人懂。所以法國人問他這個學名的意義何在。

外星人說這個學名的意義是「進化尚未完成」，他說人類是比較晚出來的一種動物，因此，進化可能尚未完成，所以才會有如此自相殘殺的行爲，他的理論是只要假以時日，人類也會像其他動物一樣，不再有戰爭，也不再虐待自己的同類。

然後他說他一定要走了，希望將來有一天有互相面對面的機會。

當天晚上，在我看新聞的時候，又看到盧安達另一次大屠殺的畫面，讓我想起外星人的話，卻也想起我小學的時候就學會的一句話，「人是萬物之靈」，這句話對嗎？

我仍希望這句話是對的。

八十四年七月一日聯副

聯副文叢⑩

讓高牆倒下吧

1995年7月初版
2002年3月初版第一三九刷

定價：新臺幣170元

著　　者　李家同
發 行 人　劉國瑞

責任編輯　黃秀慧
　　　　　吳興文

出版者　聯經出版事業公司
臺北市忠孝東路四段555號
台北發行所地址：台北縣汐止市大同路一段367號
電話：(02)26418661
台北忠孝門市地址：台北市忠孝東路四段561號1-2F
電話：(02)27683708
台北新生門市地址：台北市新生南路三段94號
電話：(02)23620308
台中門市地址：台中市健行路321號B1
台中分公司電話：(04)22312023
高雄辦事處地址：高雄市成功一路363號B1
電話：(07)2412802
郵政劃撥帳戶第0100559-3號
郵撥電話：26418662
印刷者　世和印製企業有限公司

行政院新聞局出版事業登記證局版臺業字第0130號

本書如有缺頁，破損，倒裝請寄回發行所更換。
ISBN 957-08-1411-X（平裝）
聯經網址 http://www.udngroup.com.tw/linkingp
信箱 e-mail:linkingp@ms9.hinet.net

國家圖書館出版品預行編目資料

讓高牆倒下吧 / 李家同著 . --初版 .
--臺北市：聯經，1995年
182面；14.8×21公分 . -- (聯副文叢；10)
ISBN 957-08-1411-X(平裝)
〔2002年3月初版第一三九刷〕

855　　　　84006819